Gestão da biodiversidade

os desafios para o século XXI

DIALÓGICA

O selo DIALÓGICA da Editora InterSaberes faz referência às publicações que privilegiam uma linguagem na qual o autor dialoga com o leitor por meio de recursos textuais e visuais, o que torna o conteúdo muito mais dinâmico. São livros que criam um ambiente de interação com o leitor – seu universo cultural, social e de elaboração de conhecimentos –, possibilitando um real processo de interlocução para que a comunicação se efetive.

Gestão da biodiversidade

os desafios para o século XXI

Cesar Silva

Rua Clara Vendramin, 58 – Mossunguê
CEP 81200-170 – Curitiba – PR – Brasil
Fone: (41) 2106-4170
www.intersaberes.com
editora@editoraintersaberes.com.br

Conselho editorial
Dr. Ivo José Both (presidente); Dr.ª Elena Godoy; Dr. Nelson Luís Dias; Dr. Neri dos Santos; Dr. Ulf Gregor Baranow

Editora-chefe
Lindsay Azambuja

Supervisora editorial
Ariadne Nunes Wenger

Analista editorial
Ariel Martins

Capa
Kátia Priscila Irokawa

Projeto gráfico
Allyne Miara

Diagramação
LAB Prodigital

Preparação de originais
Tássia Fernanda Alvarenga de Carvalho

Dados Internacionais de Catalogação na Publicação (CIP)
(Câmara Brasileira do Livro, SP, Brasil)

Silva, Cesar
Gestão da biodiversidade: os desafios para o século XXI/Cesar Silva. – Curitiba: InterSaberes, 2014.

   Bibliografia.
   ISBN 978-85-443-0088-6

   1. Biodiversidade 2. Ciências 3. Conservação da natureza 4. Conservação dos recursos naturais 5. Ecologia humana 6. Ecossistemas 7. Evolução (Biologia) 8. Meio ambiente 9. Proteção ambiental I. Título.

14-09103   CDD-333

Índices para catálogo sistemático:
1. Biodiversidade: Gestão ambiental: Economia   333

Foi feito o depósito legal.
1ª edição, 2014.
Informamos que é de inteira responsabilidade do autor a emissão de conceitos. Nenhuma parte desta publicação poderá ser reproduzida por qualquer meio ou forma sem a prévia autorização da Editora InterSaberes.
A violação dos direitos autorais é crime estabelecido na Lei n. 9.610/1998 e punido pelo art. 184 do Código Penal.

Sumário

Apresentação 8

Como aproveitar ao máximo este livro 10

Epígrafe 15

Capítulo 1
Da diversidade biológica à conservação 16
1.1 Introdução à biodiversidade 18

1.2 Biodiversidade no Brasil 21

1.3 Biomas brasileiros 23

1.4 Desenvolvimento × conservação 35

Capítulo 2
Diversidade biológica: impactos e índices 52
2.1 Impactos sobre a biodiversidade 54

2.2 Fragmentação dos *habitats* 57

2.3 Introdução de espécies exóticas 59

2.4 Exploração de espécies 61

2.5 Monoculturas e organismos geneticamente modificados 62

2.6 Contaminação ambiental 64

2.7 Mudanças climáticas 64

2.8 Diversidade cultural × diversidade biológica 69

2.9 Índices de biodiversidade 71

2.10 Sistemas de informação geográfica aplicados à biodiversidade 76

Capítulo 3
Gestão ambiental para a biodiversidade 82
3.1 Gestão da biodiversidade 84

3.2 Década Internacional da Biodiversidade 84

3.3 Plano Diretor 87

3.4 Gestão da biodiversidade pelas empresas 89

3.5 Avaliação de impactos ambientais 100

3.6 A série de normas ISO 14000 102

Capítulo 4

Sistema Nacional de Unidades de Conservação da Natureza 110

4.1 Unidades de proteção integral 114
4.2 Unidades de uso sustentável 117
4.3 Os corredores ecológicos e o mosaico 124

Capítulo 5

Do sustentável ao insustentável 130

5.1 Sustentabilidade das espécies 132
5.2 O Livro Vermelho 134
5.3 Gestão de florestas 139
5.4 Insustentabilidade das reservas extrativistas 143
5.5 Gestão de recursos costeiros 145
5.6 Aquicultura 149

Capítulo 6

Da Rio-92 às políticas públicas para a biodiversidade 154

6.1 A Rio-92 e a diversidade biológica 156
6.2 Rio+20 160
6.3 Política Nacional da Biodiversidade 161

Para concluir... 173
Referências 174
Respostas 185
Anexos 189
Sobre o autor 191

Apresentação

A diversidade biológica apresenta uma característica singular na história humana pelo fato de que, sem ela, o homem não teria sobrevivido tanto tempo neste planeta. Desse modo, os serviços ecossistêmicos prestados pela biodiversidade são de suma importância para a manutenção da vida no mundo, e neles se incluem os alimentos, os remédios, a liberação de oxigênio para a atmosfera e a ciclagem de nutrientes, entre tantos outros.

Diante disso, como estimar o valor da biodiversidade planetária?

Essa é uma tarefa quase impossível de realizar, pois dependemos dela, e não o contrário, isto é, a natureza não depende do homem para nada. Se ele deixar de existir, e isso é possível, de fato, o meio ambiente manterá sua dinâmica, recuperará seus ecossistemas e a vida continuará no planeta. Entretanto, se a biodiversidade for extinta, isso representará também o fim do homem e de todas as suas criações tecnológicas.

Enquanto a natureza incorpora sua riqueza diversa, o homem mostra sua perversidade saqueando-lhe recursos, fragmentando-lhe espaços e contaminando o próprio ambiente. A Terra pede socorro.

Este livro permitirá a você, leitor, não só o ingresso no mundo da diversidade biológica, mas também o conhecimento de como gerenciar os recursos genéticos disponíveis.

Inúmeras ferramentas para a gestão da biodiversidade têm sido implementadas, algumas com muito sucesso, enquanto outras ainda carecem de melhor ajuste, seja na política pública que as criou, seja no plano de ação que não está totalmente adequado.

Convenções internacionais têm discutido o assunto com propriedade, e planos estratégicos são desenvolvidos. Contudo, por que a natureza parece sempre ameaçada?

As ferramentas de gestão da biodiversidade apresentadas neste livro, se implantadas pelas empresas e pelo Poder Público, podem constituir uma nova abordagem sobre a administração do que a envolve: a consideração dos aspectos ambientais nas decisões estratégicas das empresas como fator determinante para a conservação da biodiversidade planetária.

As espécies têm um valor intrínseco, isto é, seu valor de existência independe de quanto valem economicamente; portanto, merecem todo o respeito.

Esta obra está organizada em seis capítulos, que visam à análise de questões relevantes sobre o tema. No Capítulo 1, apresentam-se, basicamente, os biomas no Brasil e discutem-se conceitos norteadores da temática *biodiversidade*. No Capítulo 2, abordam-se os impactos sobre a biodiversidade e examinam-se os principais índices para um correto gerenciamento da conservação e da preservação ambientais. O Capítulo 3 organiza-se em dois enfoques básicos: a gestão ambiental da biodiversidade e a série de normas ISO 14000, passando pelas questões de certificação. Em seguida, no Capítulo 4, são estudadas as unidades de proteção integral como elemento de conservação da natureza. No Capítulo 5, expõem-se práticas que vão de encontro à sustentabilidade e mostra-se o que fazer a fim de que se percorra o caminho do sustentável. Finalizando, Capítulo 6 aborda a Rio-92 e as atuais políticas públicas para a biodiversidade.

Lembre-se sempre, meu querido leitor, de que todo átomo, por mais insignificante que pareça, gira sempre apaixonadamente em torno do Sol.

Bons estudos!

O autor.

Como aproveitar ao máximo este livro

Este livro traz alguns recursos que visam enriquecer o seu aprendizado, facilitar a compreensão dos conteúdos e tornar a leitura mais dinâmica. São ferramentas projetadas de acordo com a natureza dos temas que vamos examinar. Veja a seguir como esses recursos se encontram distribuídos no decorrer desta obra.

Conteúdos do capítulo
Logo na abertura do capítulo, você fica conhecendo os conteúdos que nele serão abordados.

Após o estudo deste capítulo, você será capaz de:
Você também é informado a respeito das competências que irá desenvolver e dos conhecimentos que irá adquirir com o estudo do capítulo.

Estudo de caso
Esta seção traz ao seu conhecimento situações que vão aproximar os conteúdos estudados de sua prática profissional.

Você sabia?

Nesta seção, você encontra algumas curiosidades a respeito do tema abordado.

Para refletir

Aqui você encontra trechos de textos que levam à reflexão sobre o assunto abordado no capítulo.

Para saber mais

Você pode consultar as obras indicadas nesta seção para aprofundar sua aprendizagem.

Pense a respeito

Aqui você encontra reflexões que fazem um convite à análise sobre o assunto discutido.

Perguntas & respostas

Nesta seção, o autor responde a dúvidas frequentes relacionadas aos conteúdos do capítulo.

Questões para reflexão

Nesta seção, a proposta é levá-lo a refletir criticamente sobre alguns assuntos e trocar ideias e experiências com seus pares.

Síntese

Você dispõe, ao final do capítulo, de uma síntese que traz os principais conceitos nele abordados.

Questões para revisão

Com estas atividades, você tem a possibilidade de rever os principais conceitos analisados. Ao final do livro, o autor disponibiliza as respostas às questões, a fim de que você possa verificar como está sua aprendizagem.

Epígrafe

³ E disse Deus: Haja luz; e houve luz.

⁴ E viu Deus que era boa a luz [...].

⁶ E disse Deus: Haja uma expansão no meio das águas, e haja separação entre águas e águas.

⁷ E fez Deus a expansão, e fez separação entre as águas que estavam debaixo da expansão e as águas que estavam sobre a expansão; e assim foi.

[...]

⁹ E disse Deus: Ajuntem-se as águas debaixo dos céus num lugar; e apareça a porção seca; e assim foi.

[...]

¹¹ E disse Deus: Produza a terra erva verde, erva que dê semente, árvore frutífera que dê fruto segundo a sua espécie, cuja semente está nela sobre a terra; e assim foi.

[...]

²⁶ E disse Deus: Façamos o homem à nossa imagem, conforme a nossa semelhança; e domine sobre os peixes do mar, e sobre as aves dos céus, e sobre o gado, e sobre toda a terra, e sobre todo o réptil que se move sobre a terra.

[...]

²⁹ E disse Deus: Eis que vos tenho dado toda a erva que dê semente, que está sobre a face de toda a terra; e toda a árvore, em que há fruto que dê semente, ser-vos-á para mantimento.

[...]

³¹ E viu Deus tudo quanto tinha feito, e eis que era muito bom [...]. (Bíblia, Gênesis 1, 1-31)

Capítulo 1

Da diversidade biológica à conservação

Conteúdos do capítulo

- Biodiversidade.
- Biomas.
- Endemismo.
- Áreas de preservação permanente.
- Reserva legal florestal.
- Biodiversidade nos ecossistemas.
- Desenvolvimento × conservação.
- Agrobiodiversidade.
- Agroecologia.

Após o estudo deste capítulo, você será capaz de:

1. verificar a importância da biodiversidade e de seus serviços ecossistêmicos;
2. avaliar os principais conceitos sobre diversidade biológica;
3. constatar as diferenças entre os biomas brasileiros e sua distribuição geográfica;
4. avaliar a aplicabilidade de alguns instrumentos de gestão da biodiversidade;
5. avaliar os ecossistemas e sua diversidade biológica.

1.1 Introdução à biodiversidade

O mundo moderno está em constante transformação. O avanço tecnológico, a produção em massa, o aumento exacerbado do consumo, a utilização de produtos descartáveis, o uso de recursos naturais cada vez mais escassos, entre outros fatores, têm contribuído sobremaneira para diminuir a biodiversidade e, em alguns casos, colocar em risco a sobrevivência de várias espécies de plantas e animais.

Mas, primeiro, como definir *biodiversidade*?

Biodiversidade, também chamada *diversidade biológica*, é a variabilidade genética das espécies de uma determinada população, comunidade, bioma, ecossistema e também do planeta. Portanto, engloba a variedade de bactérias, fungos, cianobactérias, vegetais e animais, incluindo o próprio homem.

Você, com certeza, já deve ter reparado que, apesar das semelhanças entre seus amigos e parentes, existem várias diferenças, como a pigmentação da pele, a cor dos olhos e dos cabelos, o tipo de arcada dentária, a estatura e diversas outras características.

Essa variedade se justifica, pois está relacionada com a diversidade genética, que inclui as trocas de informações de genes entre as espécies. Isso resulta numa adaptação dos seres vivos às intempéries ambientais, como locais de baixa umidade, escassez de comida, temperaturas muito baixas ou altas, pressões do mundo abismal, variação de nutrientes e substâncias químicas como as existentes próximas a regiões salinas ou de vulcões. Desse modo, o homem evolui.

O termo *biodiversidade*, muito usual nos dias de hoje, é utilizado para descrever o número e a variabilidade dos organismos vivos no que concerne a uma determinada área geográfica do planeta, utilizando-se, para isso, parâmetros específicos, tais como espécies, gêneros, famílias e dimorfismo sexual (Silva; Rodrigues; Miceli, 2014).

O número de espécies presentes no mundo varia entre 5 e 30 milhões, embora, até o momento, somente cerca de 2 milhões tenham sido identificados (MEA, 2005).

Da diversidade biológica à conservação

Figura 1.1 – Biodiversidade planetária

Um conceito interessante sobre a ecologia da diversidade biológica é o de **gradientes latitudinais de riqueza de espécies**, que significa, em termos gerais, a existência de maior riqueza nos trópicos do que nas regiões temperadas (Diniz-Filho et al., 2009), ou seja, na prática, as regiões tropicais têm uma biodiversidade maior do que outras localidades, apresentando biomas, cujo conceito será examinado na Seção 1.3, e ecossistemas distintos.

Além da citada riqueza, outros conceitos também são muito importantes no que concerne à biodiversidade, como os de abundância relativa das categorias das espécies distribuídas em uma determinada área, ou equitabilidade; variabilidade ao nível local, denominada *alfa diversidade*; complementaridade biológica entre os *habitats*, ou beta diversidade; e variabilidade entre as paisagens, também conhecida como *gama diversidade* (Brasil, 2014e).

A biodiversidade tem uma ampla aplicabilidade para as atividades do homem, estendendo-se por setores que vão desde remédios, alimentos e insumos até os mais diversificados produtos, como os de beleza e artefatos artísticos.

Figura 1.2 – Biodiversidade e alimentação

Crédito: Fotolia

Além disso, a biodiversidade atua na regulação de processos naturais e dos sistemas de suporte de vida no planeta, causando o bem-estar social (Iaia, 2005) e servindo como subsídio econômico para muitas das atividades antrópicas, isto é, todas as ações realizadas pelo homem, por exemplo, o turismo. Desse modo, é até válida a afirmação de que a economia gira em torno da biodiversidade.

> **Perguntas & respostas**
>
> **Como a biodiversidade atua na regulação de processos naturais e dos sistemas de suporte de vida no planeta?**
>
> A biodiversidade tem uma importância crucial no sequestro de carbono, no processo de fotossíntese, nos ciclos biogeoquímicos, na formação do solo, na liberação de nutrientes para a água, na manutenção da temperatura e umidade do ar, entre outros aspectos.

Em linhas gerais, estima-se um valor de 16 a 64 trilhões de dólares anuais gerado pelos serviços ambientais relacionados à biodiversidade, seja em números de espécies, biomas e ecossistemas, seja em atividades agrícolas, pecuárias, pesqueiras, florestais etc. (IUCN, 2013, citado por Silva; Rodrigues; Miceli, 2014).

Portanto, a biodiversidade é uma ferramenta importantíssima na gestão ambiental, pois abrange conceitos amplamente aceitos, como a preservação e a conservação, além de auxiliar na avaliação de impactos ambientais e nos custos de implantação e operação de empreendimentos, podendo ser, ainda, um fator limitante para se conseguir o licenciamento ambiental.

Da diversidade biológica à conservação

1.2 Biodiversidade no Brasil

O Brasil, em função de sua extensa área, de aproximadamente 8,5 milhões de km², abriga uma diversidade biológica que concentra mais de 20% das espécies do planeta (Brasil, 2005).

Essa riqueza de espécies se explica pelo fato de haver fortes variações climáticas no país, como o trópico úmido na Região Norte, o semiárido do Nordeste e o temperado no Sul (Brasil, 2014k), o que faz com que ocorram diversidades de biomas com características distintas no ambiente terrestre e também ecossistemas característicos na região costeira do Brasil, com seus 3,5 milhões de km² de costa marinha.

Figura 1.3 — Biodiversidade nas regiões do Brasil

Crédito: Fotolia

Estima-se haver no Brasil mais de 100 mil espécies de invertebrados e cerca de 8 mil vertebrados, nos grupos de mamíferos, aves, répteis, anfíbios e peixes (Brasil, 2014m). Só de peixes continentais e marinhos o número chega a aproximadamente 2 mil espécies, o que se reflete no potencial econômico da preservação e conservação da biodiversidade nesse ambiente. Quando inseridas as espécies da flora, o número fica mais impressionante: há aproximadamente 210 mil espécies catalogadas. O país ocupa, no *ranking* mundial, o primeiro lugar no número de anfíbios e de plantas vasculares (Figura 1.4), ou seja, aquelas capazes de conduzir a seiva e a água das raízes para seus demais componentes, e o segundo lugar na categoria de mamíferos (Brasil, 2014m).

Figura 1.4 – Exemplo de planta vascular: pinheiro de araucária (*Araucaria angustifolia*)

Crédito: Fotolia

Segundo o Ministério do Meio Ambiente – MMA (Brasil, 2014e), no Brasil a biodiversidade ocupa cerca de 40% do Produto Interno Bruto – PIB e 31% das exportações brasileiras, com produtos oriundos dos cultivares de café, soja e laranja. O MMA ainda destaca que o extrativismo emprega mais de 3 milhões de pessoas, enquanto a biomassa, entendida como o etanol da cana-de-açúcar, a lenha e o carvão, corresponde aproximadamente a 30% da matriz energética nacional.

Reitera-se que toda essa diversidade biológica se deve à variedade de biomas e ecossistemas presentes no Brasil.

Da diversidade biológica à conservação

1.3 Biomas brasileiros

A definição de *bioma*, frequentemente utilizada pelas ciências ambientais, tem passado por alterações. Walter (1986), citado por Coutinho (2006, p. 14), por exemplo, define *bioma* como "área do espaço geográfico com dimensões superiores até um milhão de quilômetros quadrados, representada por um tipo uniforme de ambiente, identificado e classificado de acordo com o macroclima, a fitofisionomia (formação), o solo e a altitude [...]".

A altitude, no entanto, pode não ser uniforme, visto que em determinados ecossistemas, como o costeiro, existe um gradiente de variação que deve ser considerado, embora nessas variações as espécies de fauna e flora possam permanecer dentro de um limite de constância, como ocorre com a Mata Atlântica.

Assim, atualizando-se o conceito, o bioma pode ser considerado o conjunto de fatores bióticos (todos os elementos causados pelos organismos em um ecossistema que condicionam as populações que o formam como relações de predação e parasitismos) e abióticos (todas as influências que os seres vivos possam receber em um ecossistema, como luz, umidade e temperatura) de uma dada região com características específicas que a diferenciam de outros locais, especialmente em relação à paisagem dominante.

O Instituto Brasileiro de Geografia e Estatística – IBGE (Brasil, 2004d) conceitua *bioma* como "um conjunto de vida (vegetal e animal) constituído pelo agrupamento de tipos de vegetação contíguos e identificáveis em escala regional, com condições geoclimáticas similares e história compartilhada de mudanças, o que resulta em uma diversidade biológica própria".

O Brasil apresenta basicamente seis biomas distintos: Amazônia, Cerrado, Caatinga, Mata Atlântica, Pantanal e Pampa, ilustrados na Figura 1.5. Destes, a Amazônia ocupa quase a metade do país, com 49,29%, enquanto o Pantanal ocupa somente 1,76% do território brasileiro (Brasil, 2014e).

Figura 1.5 – Localização dos biomas brasileiros

Fonte: Adaptado de Brasil, 2014e.

O Quadro 1.1 mostra a área que cada um dos biomas continentais existentes no território brasileiro ocupa e sua relação com a área total do Brasil. Cada área será devidamente explicada nos tópicos que seguem.

Quadro 1.1 – Os biomas brasileiros e suas respectivas áreas de ocupação

Biomas	Área (Km²)	Área/Brasil (%)
Amazônia	4.196.943	49,29
Cerrado	2.036.448	23,92
Mata Atlântica	1.110.182	13,04
Caatinga	844.453	9,92
Pampa	176.496	2,07
Pantanal	150.355	1,76

Fonte: Brasil, 2014e.

Da diversidade biológica à conservação

1.3.1 Amazônia

A vegetação da Amazônia apresenta basicamente três tipos de florestas. A primeira é uma vegetação predominante chamada *floresta ombrófila densa*, caracterizada pela alta umidade durante todo o ano, pelas árvores de médio e grande portes e pela ocorrência de cipós, bromélias e orquídeas. A segunda, denominada *floresta ombrófila aberta*, apresenta-se como uma transição entre a floresta densa e fechada e as áreas externas, caracterizada pela presença de clareiras e períodos de estiagem superiores a 60 dias (Rodrigues, 2013). A terceira, chamada de *florestas inundáveis*, está localizada nas áreas mais baixas e, portanto, suscetíveis a inundações pelas águas dos diversos rios que percorrem as matas; as plantas aí existentes são adaptadas para suportar as inundações que ocorrem nos períodos de chuva. São exemplos das florestas inundáveis a de igapó, que fica inundada a maior parte do ano por se localizar muito próxima das margens dos rios, e a de várzea, que se situa em locais mais afastados e altos e sofre, assim, tempo de inundações menores, variando entre períodos secos e chuvosos.

> **Para saber mais**
>
> Para conhecer mais sobre a Amazônia e os impactos associados a esse bioma, acesse:
>
> IMAZON – Instituto do Homem e do Meio Ambiente da Amazônia. Disponível em: <http://www.imazon.org.br>. Acesso em: 23 fev. 2014.

Figura 1.6 – Floresta Amazônica inundada

Crédito: Fotolia

A Amazônia é uma floresta que se estende também a outros países da América do Sul, como Venezuela, Colômbia, Peru, Bolívia, Equador, Suriname, Guiana e Guiana Francesa; porém, 60% dela encontra-se no Brasil, mais especificamente nos Estados de Roraima, Amapá, Acre, Amazonas, Pará, Maranhão, Rondônia, Mato Grosso e Tocantins (Figura 1.7). Em razão de tal fato, ela é chamada de **Amazônia Legal**[1] – encontra-se no território brasileiro e pode ser gerenciada pelos governos, respeitando-se seus limites. Localiza-se na bacia hidrográfica do rio Amazonas, considerada a maior bacia de água doce do mundo (Rodrigues, 2013).

Figura 1.7 – Localização da Floresta Amazônica no território brasileiro

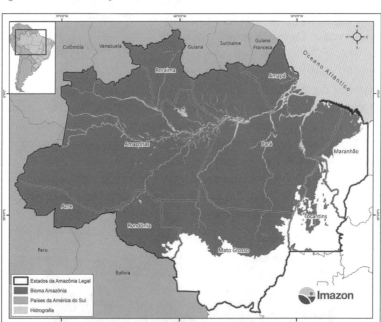

Fonte: Adaptado de Imazon, 2014.

Apesar de esse bioma apresentar a maior biodiversidade do planeta, tem sido constantemente alterado pela ação humana, especialmente pela agricultura e pela pecuária.

---

1 No conceito legal, de acordo com a Lei n. 12.651/2012 (Brasil, 2012b), em seu art. 3º, inciso I, entende-se por *Amazônia Legal*: "os Estados do Acre, Pará, Amazonas, Roraima, Rondônia, Amapá e Mato Grosso e as regiões situadas ao norte do paralelo 13º S, dos Estados de Tocantins e Goiás, e ao oeste do meridiano de 44º W, do Estado do Maranhão".

Da diversidade biológica à conservação

1.3.2 Cerrado

O segundo maior bioma brasileiro, ocupando cerca de 25% do território nacional, é também a mais ampla savana e a que contém a maior biodiversidade.

Segundo dados do IBGE (Brasil, 2014e), o Cerrado ocupa, além da totalidade do Distrito Federal, os seguintes estados da Federação: Goiás (97%), Maranhão (65%), Mato Grosso do Sul (61%), Minas Gerais (57%) e Tocantins (91%), além de porções de outros estados (Mato Grosso, Pará, Piauí, Rondônia, Paraná, São Paulo e Bahia).

O Cerrado é muito importante para a biodiversidade brasileira, pois nele já foram identificadas mais de 10 mil espécies de plantas, 760 de aves, 195 de mamíferos, 180 de répteis, 1 mil de mariposas, 500 de abelhas, entre outras (Costa, 2010). No Cerrado também se encontram 13% das borboletas, 35% das abelhas e 23% dos cupins (Brasil, 2014p).

Para o MMA (Brasil, 2014p), o Cerrado destaca-se também pela questão socioambiental, pelo fato de, nessas regiões, haver alta incidência de etnias diversificadas, tais como indígenas, quilombolas e ribeirinhos. Desse modo, constitui um patrimônio histórico e cultural brasileiro por deter um conhecimento tradicional de biodiversidade, uma vez que muitas das espécies existentes nesse bioma podem ser aplicadas na medicina e na recuperação do solo e das áreas degradadas.

A vegetação é dominada por arbustos retorcidos, raízes profundas (Costa, 2010) e folhas que caem no período de estiagem, conhecidas por *caducifólias*.

O clima é predominantemente tropical, com duas estações bem definidas: a de chuvas e a de seca. O solo, apesar de ser considerado ácido e pobre, conta com o auxílio da tecnologia, por meio da qual é corrigido e enriquecido com nutrientes, tornando possível a atividade agropecuária, responsável por graves problemas ambientais nas regiões ocupadas por esse bioma, conforme ainda será comentado.

Na fauna, destacam-se alguns animais, como a anta (*Tapirus terrestris*), ariranha (*Pteronura brasiliensis*), bugio-preto (*Alouatta caraya*), cachorro-do-mato (*Cerdocyon thous*), capivara (*Hydrochoerus hydrochaeris*), cervo (*Blastecerus dichotomus*) e muitos roedores e felinos.

Pelo fato de o Cerrado ter sofrido sérias agressões e ações antrópicas, juntamente com a Mata Atlântica, ele é um dos biomas mais impactados no Brasil, sobretudo pelas indústrias de carvão e agricultura, pelos desmatamentos e, consequentemente, pela perda de *habitats* para os animais.

Segundo o Instituto Chico Mendes de Conservação da Biodiversidade – ICMBio (Brasil, 2014m), a dinâmica do desmatamento ocorre da seguinte maneira: "inicia-se pela associação entre o fazendeiro e o carvoeiro, na qual o segundo é pago com a vegetação de carvão vegetal, e o primeiro é beneficiado pela remoção da vegetação, o que diminui os seus custos de incorporação de terras para o cultivo".

Nessa relação nada amistosa com o meio ambiente, a riquíssima diversidade biológica existente no Cerrado tem perdido espaço em virtude da inclusão de espécies comerciais, por exemplo, a soja e a referente a pastos para manter a pecuária em expansão na região.

Apesar da importância desse bioma na biodiversidade brasileira, existem ainda poucas áreas protegidas, ou seja, um pouco mais de 8% do total constituem unidades de conservação (Brasil, 2014e).

1.3.3 Mata Atlântica

Um dos biomas mais exuberantes do Brasil, a Mata Atlântica já ocupou uma grande extensão da costa brasileira, estendendo-se por regiões quentes, como o Nordeste, e frias, como o Rio Grande do Sul; porém, em decorrência da alta ocupação de suas áreas, esse bioma se limita hoje a aproximadamente 8,5% do que era na época do descobrimento (Figura 1.8, contida nos "Anexos").

Esse bioma ocupa os Estados do Espírito Santo, do Rio de Janeiro, de Santa Catarina e 98% do Paraná, além de parte de 13 outros estados da Federação (Brasil, 2014e).

Da diversidade biológica à conservação

Na Mata Atlântica há grande variabilidade de chuvas, sendo de maior abundância nas regiões próximas ao litoral. Já no continente ocorrem períodos mais demarcados de chuvas intensas e seca durante o ano, em razão das amplitudes de latitudes e altitudes em que esse bioma está inserido. Assim, as altitudes são mais baixas no litoral e elevam-se na Serra do Mar e nos planaltos, decrescendo à medida que se adentra no interior do continente (Rodrigues, 2013).

Em relação à biodiversidade, estima-se que a Mata Atlântica apresente em torno de 20 mil espécies vegetais, número que corresponde a aproximadamente 35% das espécies brasileiras, e cerca de 6 mil são endêmicas, ou seja, restritas a essa região geográfica, e/ou ameaçadas de extinção (Brasil, 2014o; Rodrigues, 2013). A título de comparação, esse bioma tem mais espécies do que muitos continentes inteiros, como é o caso da América do Norte e da Europa (Brasil, 2014o).

Na Mata Atlântica se encontra a floresta de araucária (floresta ombrófila mista), predominante nos Estados do Rio Grande do Sul, de Santa Catarina e do Paraná, na qual há como espécie característica a *Araucaria angustifolia*, que está ameaçada de extinção. A constituição do bioma é, em sua maioria, de floresta ombrófila densa, cerca de 9,1%, seguida pela floresta estacional semidecidual mais ao continente (5,18%), caracterizada por chuvas intensas de verão e estação de estiagem, enquanto mais rara é a floresta ombrófila aberta, quase extinta, que corresponde a pouco mais de 0,25% do bioma (Brasil, 2014e; Brasil, 2014o).

Figura 1.9 – Floresta de araucária

Crédito: Travel Pix/Alarmy/Latinstock

A fauna também chama a atenção por apresentar centenas de espécies de aves, anfíbios, répteis, mamíferos e peixes.

É nesse bioma que existe a maior densidade demográfica do Brasil. Mais da metade da população brasileira o ocupa (em torno de 120 milhões de pessoas), o que responde a 70% do PIB (Brasil, 2014e). Entretanto, as atividades antrópicas na Mata Atlântica têm causado impactos ambientais de magnitude elevada, o que pode conduzir a um estado crítico de extinção de espécies, tanto vegetais quanto animais.

Em virtude de sua importância no que concerne à biodiversidade planetária e do fato de estar em estado de profunda devastação, a Mata Atlântica é considerada área prioritária de conservação, também denominada *hotspot*[2]. Hoje, está entre as áreas mundiais mais importantes para a conservação, juntamente com as regiões do Caribe, de Madagascar, dos Andes tropicais, do norte do Chile, do arquipélago da Indonésia, da Malásia, entre outras (Myers et al., 2000, citado por Rodrigues, 2013).

Em face de tal cenário, o governo brasileiro vem adotando medidas paliativas para a conservação da Mata Atlântica, por meio da criação de reservas indígenas, de unidades de conservação de proteção integral e de uso sustentável, incentivando, ainda, a criação de reservas particulares do patrimônio natural. Contudo, a falta de fiscalização e de conscientização de grande parte da população continua colocando em risco a existência desse bioma. A data de 27 de maio é o Dia Nacional da Mata Atlântica, em uma tentativa de sensibilizar e conscientizar as pessoas sobre a importância de preservá-lo.

A Lei n. 11.428, de 22 de dezembro de 2006 (Brasil, 2006b), dispõe sobre a utilização e proteção da vegetação nativa da Mata Atlântica. Os arts. 6º e 7º estabelecem o seguinte sobre os usos desse bioma:

> Art. 6º A proteção e a utilização do Bioma Mata Atlântica têm por objetivo geral o desenvolvimento sustentável e, por objetivos específicos, a salvaguarda da biodiversidade, da saúde humana, dos valores paisagísticos, estéticos e turísticos, do regime hídrico e da estabilidade social.

---

2 Ao observar que a biodiversidade não está igualmente distribuída no planeta, Norman Myers, criador do conceito, procurou identificar as regiões que concentravam os mais altos níveis de biodiversidade e onde as ações de conservação seriam mais urgentes. Ele chamou essas regiões de *hotspots*.

Da diversidade biológica à conservação

Parágrafo único. Na proteção e na utilização do Bioma Mata Atlântica, serão observados os princípios da função socioambiental da propriedade, da equidade intergeracional, da prevenção, da precaução, do usuário-pagador, da transparência das informações e atos, da gestão democrática, da celeridade procedimental, da gratuidade dos serviços administrativos prestados ao pequeno produtor rural e às populações tradicionais e do respeito ao direito de propriedade.

Art. 7º A proteção e a utilização do Bioma Mata Atlântica far-se-ão dentro de condições que assegurem:

I – a manutenção e a recuperação da biodiversidade, vegetação, fauna e regime hídrico do Bioma Mata Atlântica para as presentes e futuras gerações;

II – o estímulo à pesquisa, à difusão de tecnologias de manejo sustentável da vegetação e à formação de uma consciência pública sobre a necessidade de recuperação e manutenção dos ecossistemas;

III – o fomento de atividades públicas e privadas compatíveis com a manutenção do equilíbrio ecológico;

IV – o disciplinamento da ocupação rural e urbana, de forma a harmonizar o crescimento econômico com a manutenção do equilíbrio ecológico.

A presente lei considera, em seu art. 8º, que a supressão e a exploração da vegetação dependem da classificação tipológica desta, se primária ou secundária. No entanto, no caso de parte das comunidades eventualmente precisar usar tais recursos, desde que não haja comercialização, não é necessário autorização específica para tal.

Portanto, a lei diferencia a forma de uso, supressão e exploração de acordo com a condição ecológica da vegetação, seja ela nativa, seja em processo de recuperação, em seus respectivos estágios de regeneração.

> ### Para saber mais
>
> **Para conhecer a lei relativa à Mata Atlântica, acesse:**
>
> BRASIL. Lei n. 11.428, de 22 de dezembro de 2006. **Diário Oficial da União**, Poder Legislativo, Brasília, DF, 26 dez. 2006. Disponível em: <http://www.planalto.gov.br/ccivil_03/_ato2004-2006/2006/lei/l11428.htm>. Acesso em: 15 fev. 2014.

1.3.4 Caatinga

O bioma Caatinga, nome que advém da presença de sua vegetação característica (caatinga), é exclusivamente brasileiro (Brasil, 2014e; Brasil, 2014f). Constituído em sua maioria por savana estépica (35,9%), de vegetação rasteira, espinhosa, com arbustos de pequena estatura, ele estende-se pelos estados do Nordeste, especialmente Ceará, Bahia, Paraíba, Pernambuco, Piauí, Rio Grande do Norte, Alagoas, Maranhão e também uma pequena área de Minas Gerais. Apresenta biodiversidade única e muito bem adaptada a períodos longos de estiagem e clima quente.

A vegetação, que é composta basicamente por espécies lenhosas, herbáceas, cactáceas e bromeliáceas, apresenta, das 932 espécies registradas, 380 endêmicas (Brasil, 2014k). Apesar das condições climáticas desfavoráveis, vários tipos de espécies de animais habitam o local. Foram catalogadas 178 espécies de mamíferos, 591 de aves, 177 de répteis, 79 de anfíbios, 241 de peixes e 221 de abelhas (Brasil, 2014f).

O relatório técnico apresentado pelo Ibama referente a uma análise de campo feita entre os anos 2008 e 2009 (Brasil, 2011) indicou a presença de cerca de 53% de vegetação nativa na área estudada e uma taxa de desmatamento de 0,23% nesse período.

A biodiversidade da Caatinga tem importância para diversas atividades, como as agrossilvopastoris e industriais (por exemplo, cosméticos e alimentícia). Desse modo, o desmatamento tem sido acelerado nesse bioma, especialmente para o consumo de lenha e atividades agropastoris (Brasil, 2014f).

No entanto, algumas ações para evitar o avanço do desmatamento são efetivadas, como a criação de unidades de conservação – por exemplo, o Monumento Natural do Rio São Francisco, os Parques Nacionais das Confusões, em 2010, e da Furna Feia, em 2012. Mesmo assim, o bioma continua sendo um dos menos protegidos do país.

Da diversidade biológica à conservação

1.3.5 Pampa

Também conhecido como *Campos do Sul, Campos Sulinos* ou ainda *Campanha Gaúcha*, esse bioma, restrito ao Rio Grande do Sul, ocupa uma área de pouco mais de 176 mil km^2 ou 63% do território do estado (Brasil, 2014q).

A biodiversidade se mescla com questões culturais. Embora a vegetação não seja tão exuberante quanto nos demais biomas, predominando a campestre, estima-se que existam cerca de 3 mil espécies de plantas, especialmente gramíneas, que formam o campo. A fauna também é expressiva, com quase 500 espécies de aves (Brasil, 2004e; Brasil, 2014q).

A agropecuária é uma das principais atividades responsáveis pela redução drástica das áreas de vegetação nativa dos pampas.

O relatório publicado pelo MMA e pelo Ibama referente a um estudo realizado entre os anos de 2002 e 2008 aponta uma redução da vegetação nativa para apenas 36,03% da original no ano de 2008 (Brasil, 2010). Consequentemente, a perda da biodiversidade compromete o controle da erosão do solo, bastante acentuada na região.

O bioma Pampa é o que tem menos unidades de conservação, o que representa somente 0,4% de toda a área protegida brasileira, bem abaixo do que foi estabelecido na Convenção sobre Diversidade Biológica (CBD, 2014), segundo a qual até 2020 se prevê a proteção de 17% de cada bioma, embora algumas regiões dos pampas tenham sido consideradas "áreas prioritárias" para conservação (Brasil, 2014q).

Figura 1.10 – Bioma Pampa

1.3.6 Pantanal

O Pantanal, o menor dos biomas do Brasil, é considerado a maior planície inundada do mundo.

De paisagem exuberante, com riquíssima fauna e flora, e drenado pela bacia do Alto Paraguai, ele se situa nos Estados do Mato Grosso e do Mato Grosso do Sul e sofre interferência de outros biomas, como os da Amazônia, do Cerrado, da Mata Atlântica e de uma savana estépica denominada *chaco*. Ainda pouco impactado, mantendo 86,77% de mata nativa, os impactos antrópicos verificados na região devem-se à produção de gado e suas pastagens, já que é pouco utilizado para a lavoura (Brasil, 2014r).

A diversidade biológica do bioma é alta. Segundo o MMA (Brasil, 2014r), o Pantanal conta com 263 espécies de peixes, 41 de anfíbios, 113 de répteis, 463 de aves e 132 de mamíferos, além de cerca de 2 mil espécies de plantas. Em relação aos animais, destacam-se os jacarés e as onças-pintadas, muito lembrados pela população brasileira quando se menciona o Pantanal.

Pratica-se bastante o ecoturismo na região, o qual consiste numa importante ferramenta de conscientização ambiental e também de renda para a população local, especialmente as tradicionais, como os indígenas e os quilombolas.

Da diversidade biológica à conservação

Já as unidades de conservação correspondem somente a 4,4% da área do Pantanal (Brasil, 2014r), percentual muito abaixo da expectativa para a conservação desse importante bioma.

Figura 1.11 – Bioma Pantanal

1.4 Desenvolvimento x conservação

Desde o polêmico relatório intitulado *Os limites do crescimento*, do Clube de Roma, divulgado na Conferência de Estocolmo, em 1972, o homem vem buscando uma alternativa que alie o desenvolvimento econômico à conservação dos recursos naturais.

O desenvolvimento sustentável, entendido como a capacidade de preservar e conservar os recursos ambientais para as futuras gerações, tornou-se um hino nos discursos políticos mundo afora, ainda que pouco se tenha feito de fato pela manutenção da biodiversidade e de todos os serviços que ela presta diariamente para a raça humana. Exemplo disso é a carga cada dia mais pesada de agrotóxicos nos ecossistemas, poluentes de todo tipo, desmatamentos, monoculturas, alterações genéticas de organismos, utilização de combustíveis não renováveis, pesca e caça predatória, enfim, uma série de hábitos pouco racionais de pessoas que ainda não sentiram que também fazem parte da biodiversidade e do sistema natural.

Apesar disso, algumas ações de gerenciamento têm sido aplicadas com sucesso no âmbito dos direitos público e privado, embora a gestão da biodiversidade esteja dando seus primeiros passos rumo à consolidação de sua valorização como ferramenta imprescindível à própria existência humana.

Quando se pensa em gestão da biodiversidade, há de se fazer distinção entre dois conceitos importantes: preservação e conservação.

Preservar é deixar a natureza e seus recursos intactos, mantendo-a pelo simples fato de existir. Conservar é fazer o uso dela de forma coerente, ou seja, considerando-se os ritmos naturais de reposição dos recursos ambientais, de modo a minimizar os impactos das atividades e a evitar a poluição e a degradação ambiental.

Ao se permitir que a natureza se recupere a cada extração de seus recursos, é possível que o sistema se torne sustentável. Para isso, faz-se necessário que o Poder Público adote políticas claras sobre a gestão da biodiversidade e que a iniciativa privada avance em soluções consorciadas para recuperar e proteger o meio ambiente.

Além disso, é preciso observar, ainda, que muitas espécies vegetais e animais existem somente em determinados biomas e ecossistemas, o que é chamado *endemismo*, e, portanto, as avaliações de impactos ambientais devem considerar, quando apontada pelo diagnóstico ambiental, a possibilidade de se colocar em risco a sobrevivência no planeta de determinadas espécies, buscando-se, assim, alternativas para o projeto.

1.4.1 Endemismo

O endemismo é a característica que algumas espécies têm de existir somente em algumas regiões do planeta, apresentando, portanto, distribuição geográfica restrita. De maneira geral, os táxons, isto é, a compilação de espécies, populações, comunidades etc., não estão distribuídos uniformemente pelos ecossistemas no planeta. Para Carvalho (2009), o padrão de distribuição de espécies é influenciado por questões evolutivas de toda a biota, o que significa dizer que um determinado predador só existe em uma região se nela houver suporte de vida e reprodução, tais como presas específicas, disponibilidade de água e abrigo.

Espera-se, pois, que existam determinadas comunidades de presa-predador bem definidas em certa área, enquanto em outras adjacentes essas espécies não existam, especialmente os predadores com dieta pouco diversificada.

Da diversidade biológica à conservação

Esse aspecto único de residência de muitas populações e comunidades é de vital importância na conservação da biodiversidade e de sua respectiva gestão.

Algumas dessas populações são totalmente exclusivas de determinada região do planeta. Outras, porém, podem ser encontradas fragmentadas em diversas áreas, mantendo as mesmas características genéticas, ainda que vivam em espaços geograficamente distantes.

Isso pode ter ocorrido durante a deriva continental, há cerca de milhões de anos, quando os continentes formavam um único bloco de terra, criando condições geológicas de distribuição das espécies, que evoluíram e se adaptaram com o tempo, mas mantiveram suas características genéticas. Isso explicaria, portanto, por que alguns animais existem tanto na América do Sul quanto no continente africano, embora sejam separados por milhares de quilômetros.

A biogeografia é uma ciência que se ocupa de avaliar a distribuição dos organismos pelos ecossistemas e busca o entendimento do porquê de as espécies fixarem residência em determinada área geográfica em detrimento de outras.

A existência do endemismo em uma região é um dos critérios para estudos que consideram a criação de áreas de preservação e conservação, como as unidades de conservação de proteção integral – UCPIs, ou de uso sustentável, desde que devidamente monitoradas para evitar a diminuição da taxa de reprodução dessas espécies.

Utilizam-se vários métodos científicos para a avaliação de endemismo, destacando-se, por exemplo, o de Traços e o de Análise Parcimoniosa de Endemismos – PAE, explicados a seguir.

O Método de Traços consiste em traçar em um mapa os padrões de distribuição das espécies, respeitando-se o menor espaço geográfico entre os grupos. Conforme Carvalho (2009), os nós geográficos encontrados pela intersecção de linhas de distribuição das espécies têm importância crucial na definição de áreas prioritárias de conservação, pois indicam regiões de concentração de filogenias, como as encontradas em estudos realizados no bioma Cerrado (Figura 1.12).

Figura 1.12 – Nós geográficos indicando concentração de grupos filogênicos no bioma brasileiro Cerrado

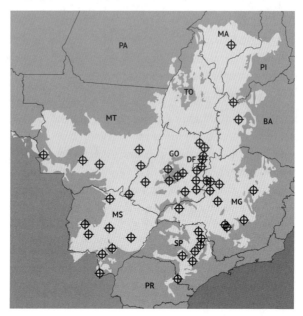

Fonte: Adaptado de Carvalho, 2009.

O Método de Análise Parcimoniosa de Endemismos – PAE (*Parsimony Analysis of Endemicity*) consiste em traçar matrizes em um mapa de modo a delimitar as áreas de incidência das espécies, as quais podem ser avaliadas posteriormente por programas de computador, com vistas a encontrar as áreas de endemismo (Goldani, 2012). O PAE também pode oferecer subsídios técnicos para que as Unidades de Conservação de Uso Sustentável passem para a categoria de Proteção Integral, considerando-se o grau de endemismo encontrado na região de estudo (Carvalho, 2009).

Atualmente, em função de as atividades do homem modificarem os ambientes, a taxonomia endêmica tem sido muito alterada e, consequentemente, pode levar algumas espécies ao estado crítico de extinção, exigindo, assim, uma gestão que coloque como prioridade a conservação dessas espécies.

Da diversidade biológica à conservação

1.4.2 Biodiversidade nos ecossistemas

De acordo com Foerster (2011, p. 19), um ecossistema é

> qualquer unidade que abranja todos os organismos que funcionam em conjunto (comunidade biótica) em uma dada área, interagindo com o ambiente físico (fatores abióticos) de tal forma que um fluxo de energia produza estruturas bióticas claramente definidas e uma ciclagem de materiais entre as partes vivas e não vivas.

Existem basicamente dois tipos de ecossistemas: o terrestre e o aquático. Em alguns casos, esses dois ecossistemas coexistem, o que se denomina *transição*, como é o caso dos mangues.

O **ambiente terrestre** apresenta alta variabilidade de ecossistemas em razão de fatores longitudinais e altitudinais. Assim, a diversidade biológica encontrada perto da linha do Equador é maior do que quando comparada com a das regiões polares; da mesma forma, esperam-se índices de biodiversidade menores em regiões montanhosas ou de altas altitudes, embora em ambos existam espécies adaptadas às condições ambientais.

Por sua vez, o **ambiente aquático** é um ecossistema de alta biodiversidade. As duas divisões básicas que o caracterizam são: o ecossistema de água doce, ou água do interior do continente, referente à limnologia, e o ecossistema de água salgada, ou marinho. O ecossistema aquático continental ainda pode ser dividido em lêntico, isto é, de águas lentas, como os lagos, e lótico, ou de corredeiras, como os rios.

Alguns ecossistemas de transição, por exemplo, o de estuário, definido como o encontro entre água doce e salgada, e os de mangues, são considerados essenciais para a reprodução das espécies aquáticas, pois apresentam concentrações propícias de nutrientes e condições ambientais favoráveis para a fertilização. Muitas

---

Você sabia?

Existe cerca de uma espécie marinha para cada dez espécies terrestres. Isso se deve ao fato de no ambiente terrestre haver grande especiação e adaptação, sobretudo das plantas, que dispersam suas sementes a grandes distâncias e altitudes. Para essa disseminação, elas utilizam os animais, os ventos, as enxurradas etc. Além disso, os polinizadores ajudam na manutenção e no cruzamento genético.

espécies de organismos aquáticos utilizam esses ecossistemas para seus estágios iniciais de desenvolvimento e, portanto, as áreas em que vivem são sensíveis e necessitam de preservação.

Os ecossistemas de praia arenosa também são de suma importância para muitos organismos, uma vez que são utilizados para desova, como é o caso das tartarugas marinhas.

Figura 1.13 – Desova tartaruga marinha na praia

Crédito: Fotolia

Cattani, Natividade e Santos (2011, p. 140) afirmam que os princípios ecológicos dos ecossistemas marinho e terrestre são os mesmos e consideram três principais diferenças entre esses ambientes:

- Maior densidade da água, se comparado com o ar, o que possibilita menor proporção de estruturas esqueléticas em função da flutuabilidade;
- No ambiente marinho ocorre um tipo exclusivo de alimentação, denominado filtração;
- Por viverem na água, os organismos marinhos não tem [sic] problemas de dessecação (perda de água) que os organismos terrestres enfrentam.

Contudo, as atividades humanas têm causado sérios impactos sobre os ecossistemas aquáticos, como o descarte de esgoto doméstico e industrial e a pesca predatória, colocando em risco a sobrevivência de muitas espécies. Estima-se que cerca de 90% da população de peixes de água salgada tenha sido reduzida em decorrência da indústria pesqueira e que 30% das espécies aquáticas marinhas estejam ameaçadas de extinção (Cattani; Natividade; Santos, 2011).

Da diversidade biológica à conservação

1.4.3 Ferramentas para a conservação da biodiversidade

Embora as políticas públicas voltadas à proteção e à conservação ambiental ainda não estejam sendo aplicadas satisfatoriamente na maioria das vezes (assunto que será abordado nos próximos capítulos), existe uma legislação referente à conservação da biodiversidade que, se fosse seguida à risca, muito contribuiria para manter os recursos naturais em equilíbrio.

A gestão ambiental, em todos os âmbitos, assume como premissa a melhoria da qualidade ambiental, com consequente aumento da qualidade de vida, considerando as variantes socioambientais.

> **Para saber mais**
>
> **Assista ao vídeo com o deputado autor do novo Código Florestal, Aldo Rebelo, em entrevista ao canal Veja:**
>
> CONHEÇA o novo Código Florestal brasileiro. Veja Entrevista. 26 jul. 2010. Entrevista com o deputado Aldo Rebelo. Disponível em: <http://www.youtube.com/watch?v=3pKfJWRLdrM>. Acesso em: 29 maio 2014.

A conservação da biodiversidade somente será conquistada com o auxílio direto não só dos órgãos públicos legisladores e fiscalizadores, mas também das corporações privadas, aliadas à participação da sociedade como um todo.

Neste capítulo, serão destacadas algumas ferramentas e ações que garantem a sustentabilidade da diversidade biológica e a mitigação de impactos decorrentes das atividades humanas, especialmente na agricultura.

1.4.3.1 ÁREAS DE PRESERVAÇÃO PERMANENTE

As áreas de preservação permanente – APPs são aquelas próximas de nascentes, rios, lagos e reservatórios, além de áreas íngremes, topos de morro, entre outras.

As APPs sempre despertaram bastante polêmica, sobretudo entre os membros da chamada *bancada ruralista*, normalmente sustentada por fazendeiros e latifundiários que financiam as campanhas de tal bancada para representar, ou melhor, defender seus interesses nos governos.

A polêmica em torno das APPs se deve ao fato de essas áreas não poderem ser utilizadas, não tendo, portanto, outra serventia a não ser a preservação da biodiversidade do local e a proteção do solo contra erosão e assoreamento dos rios, entre outros.

As APPs foram instituídas já em 1965 pela Lei n. 4.771, sendo alteradas mais tarde pela Lei n. 12.651, de 25 de maio de 2012 (Brasil, 2012b), justamente pela reforma do Código Florestal, que coincidiu com o evento mundial sobre meio ambiente, a RIO+20.

De modo geral, consideram-se as APPs prioritárias para a proteção e a preservação dos recursos hídricos, bem como de suas áreas de recarga. A existência delas é obrigatória nas áreas urbanas e rurais, independentemente do tamanho da propriedade.

A Lei n. 12.651/2012 (Brasil, 2012b), em seu art. 3º, assim define as APPs:

> II – Área protegida, coberta ou não por vegetação nativa, com a função ambiental de preservar os recursos hídricos, a paisagem, a estabilidade geológica e a biodiversidade, facilitar o fluxo gênico de fauna e flora, proteger o solo e assegurar o bem-estar das populações humanas [...].

A mesma lei, em seu art. 4º, após alterada pela Lei n. 12.727/2012 (Brasil, 2012c), define a largura, ou faixa, de áreas que não devem ser utilizadas ou ocupadas (APPs):

> I – as faixas marginais de qualquer curso d'água natural perene e intermitente, excluídos os efêmeros, desde a borda da calha do leito regular, em largura mínima de:
>
> a) 30 (trinta) metros, para os cursos d'água de menos de 10 (dez) metros de largura;
>
> b) 50 (cinquenta) metros, para os cursos d'água que tenham de 10 (dez) a 50 (cinquenta) metros de largura;
>
> c) 100 (cem) metros, para os cursos d'água que tenham de 50 (cinquenta) a 200 (duzentos) metros de largura;
>
> d) 200 (duzentos) metros, para os cursos d'água que tenham de 200 (duzentos) a 600 (seiscentos) metros de largura;
>
> e) 500 (quinhentos) metros, para os cursos d'água que tenham largura superior a 600 (seiscentos) metros;
>
> II – as áreas no entorno dos lagos e lagoas naturais, em faixa com largura mínima de:

Da diversidade biológica à conservação

a) 100 (cem) metros, em zonas rurais, exceto para o corpo d'água com até 20 (vinte) hectares de superfície, cuja faixa marginal será de 50 (cinquenta) metros;

b) 30 (trinta) metros, em zonas urbanas;

III – as áreas no entorno dos reservatórios d'água artificiais, decorrentes de barramento ou represamento de cursos d'água naturais, na faixa definida na licença ambiental do empreendimento;

IV – as áreas no entorno das nascentes e dos olhos d'água perenes, qualquer que seja sua situação topográfica, no raio mínimo de 50 (cinquenta) metros;

V – as encostas ou partes destas com declividade superior a 45°, equivalente a 100% (cem por cento) na linha de maior declive;

VI – as restingas, como fixadoras de dunas ou estabilizadoras de mangues;

VII – os manguezais, em toda a sua extensão;

VIII – as bordas dos tabuleiros ou chapadas, até a linha de ruptura do relevo, em faixa nunca inferior a 100 (cem) metros em projeções horizontais;

IX – no topo de morros, montes, montanhas e serras, com altura mínima de 100 (cem) metros e inclinação média maior que 25°, as áreas delimitadas a partir da curva de nível correspondente a 2/3 (dois terços) da altura mínima da elevação sempre em relação à base, sendo esta definida pelo plano horizontal determinado por planície ou espelho d'água adjacente ou, nos relevos ondulados, pela cota do ponto de sela mais próximo da elevação;

X – as áreas em altitude superior a 1.800 (mil e oitocentos) metros, qualquer que seja a vegetação;

XI – em veredas, a faixa marginal, em projeção horizontal, com largura mínima de 50 (cinquenta) metros, a partir do espaço permanentemente brejoso e encharcado.

O Código Florestal permite que em pequenas propriedades ocorra o plantio temporário de culturas na faixa de terra que fica exposta no período de vazante de rios ou lagos, desde que não haja supressão de vegetação nativa e sejam protegidas e conservadas a qualidade da água e do solo e a fauna silvestre.

Igualmente se permitem nos imóveis de até 15 nódulos fiscais, cujo tamanho pode variar de estado para estado da Federação, a prática da aquicultura e a instalação da consequente infraestrutura a ela associada.

Outro importante ponto a ser considerado sobre as APPs é a faixa de 30 a 100 metros em área rural e 15 a 30 metros em área urbana na implantação de reservatório artificial de água destinado a geração de energia ou abastecimento público.

Percebe-se que as APPs constituem uma ferramenta imprescindível para a conservação da biodiversidade, pois a citada lei reserva parte das áreas adjacentes de corpos hídricos e outras para a proteção ambiental.

1.4.3.2 RESERVA LEGAL FLORESTAL

Assim como as APPs, a reserva legal (RL) já era considerada anteriormente pelo antigo Código Florestal e foi mantida como estratégia de conservação ambiental pela Lei n. 12.651/2012.

Entende-se como *reserva legal*, de acordo com a definição do art. 3º, inciso III, dessa lei:

> III – Reserva Legal: área localizada no interior de uma propriedade ou posse rural, delimitada nos termos do art. 12, com a função de assegurar o uso econômico de modo sustentável dos recursos naturais do imóvel rural, auxiliar a conservação e a reabilitação dos processos ecológicos e promover a conservação da biodiversidade, bem como o abrigo e a proteção de fauna silvestre e da flora nativa; (Brasil, 2012b)

Note aqui a apresentação legal de duas ferramentas distintas para a gestão da biodiversidade: as APPs como preservação, ou seja, não podem ser alteradas, e as RLs para a conservação, ou seja, é possível fazer uso sustentável delas.

Além disso, as RLs são formadas à parte das APPs, isto é, o agricultor, por exemplo, que tenha um curso d'água que passe em sua propriedade contará em suas terras com duas áreas distintas: uma relacionada à preservação, a APP, e outra para a conservação, a RL.

A RL é uma área da propriedade com vegetação natural, sendo definida de acordo com o tamanho total da propriedade, o que varia conforme sua localização no país. Na Amazônia Legal, a RL corresponde a 80% da área

Da diversidade biológica à conservação

total quando situada nas florestas, a 35% se localizada no Cerrado e a 20% se a propriedade se encontrar em áreas de campos gerais. Já para as outras regiões brasileiras, a RL é de 20% (Cidrão, 2013).

É permitido o uso dessas áreas da RL desde que não cause danos severos ao meio ambiente, sendo vetada a remoção completa da vegetação natural.

Importante:

⊘"Os empreendimentos de abastecimento público de água e tratamento de esgoto não estão sujeitos à constituição de Reserva Legal" (§ 6° da Lei n. 12.651/2012.

⊘"Não será exigido Reserva Legal relativa às áreas adquiridas ou desapropriadas com o objetivo de implantação e ampliação de capacidade de rodovias e ferrovias" (§ 6° da Lei n. 12.651/2012).

> **Para saber mais**
>
> **Para conhecer o Código Florestal, acesse:**
>
> BRASIL. Lei n. 12.651, de 25 de maio de 2012. **Diário Oficial da União**, Poder Legislativo, Brasília, DF, 28 maio 2012. Disponível em: <http://www.planalto.gov.br/ccivil_03/ato2011-2014/2012/lei/L12651compilado.htm>. Acesso em: 30 maio 2014.

1.4.3.3 AGROBIODIVERSIDADE E AGROECOLOGIA

Reitera-se que a agricultura constitui uma das atividades humanas de maior impacto sobre a biodiversidade. Entretanto, algumas medidas tomadas pelos agricultores visam minimizar essas alterações nos ecossistemas; são elas a agrobiodiversidade e a agroecologia.

A **agrobiodiversidade**, mesmo utilizando técnicas convencionais de agricultura, recorre a uma variedade de culturas plantadas nas propriedades, o que, além de promover benefícios ao solo, considera a variante *biodiversidade* em suas atividades rotineiras e, assim, promove a rotação de uma variedade de espécies vegetais e também de animais, sobretudo de insetos polinizadores. Em uma breve definição, a agrobiodiversidade é a biodiversidade utilizada como alimento pelos homens.

O MMA considera que a agrobiodiversidade é aquela praticada pelas comunidades tradicionais, como os povos indígenas, quilombolas, ribeirinhos, e a agricultura familiar (Diegues et al., 2000). Portanto, ela é fruto da cultura e da sabedoria popular e pode ser utilizada na gestão da biodiversidade como estratégia para conservar a diversidade biológica e promover os costumes tradicionais dos povos.

A rotação de cultura e também o plantio concomitante de vários cultivares próximos uns aos outros conservam a fauna e a flora natural da região, inclusive os microrganismos do solo, mantendo-o fértil e protegido.

Já a **agroecologia** utiliza técnicas sustentáveis, sem recorrer ao uso de insumos químicos e agrotóxicos em seus cultivares, buscando respeitar os ciclos naturais das culturas.

Vale afirmar, desse modo, que a agroecologia é o uso racional da biodiversidade existente na natureza, com o intuito de alimentar o homem e causar o mínimo de danos à natureza.

Os métodos utilizados incluem adubos feitos com compostagem natural de material orgânico oriundo da própria propriedade, procurando-se, assim, que as áreas de cultivo agroecológico se tornem autossustentáveis, como as florestas, e que sigam um fluxo natural de energia na cadeia alimentar.

As práticas agroecológicas colocam o homem como o meio, e não o fim, como é feito no agronegócio tradicional, em que o lucro justifica algumas técnicas devastadoras e cruéis com os ecossistemas e seus recursos.

Ao sustentar a biodiversidade em suas áreas de cultivares, a agroecologia consegue os seguintes benefícios:

⊘ Mantém o homem no campo, evitando o êxodo para a cidade grande.

⊘ Protege o solo contra as intempéries climáticas.

⊘ Conserva os animais polinizadores, mantendo o equilíbrio natural e o desenvolvimento das plantas.

⊘ Evita, ou mesmo minimiza, a incidência de pragas ou doenças em virtude da presença de diversos predadores naturais.

⊘ Ajuda a manter o microclima na região por permitir que árvores de tamanhos variados floresçam nas propriedades.

⊘ Evita a contaminação do solo, das águas e dos alimentos pelas substâncias tóxicas: praguicidas, herbicidas, fungicidas e outras.

⊘ Aumenta o índice de biodiversidade ao permitir que plantas e animais interajam.

Da diversidade biológica à conservação

⊘ Diminui a geração de resíduos perigosos decorrentes das embalagens de agrotóxicos.

⊘ Ajuda na conservação dos recursos hídricos.

⊘ Melhora a qualidade de vida de jovens e adultos que trabalham no campo.

O Ministério do Desenvolvimento Agrário – MDA (Brasil, 2014b) lançou o Plano Nacional de Agroecologia e Produção Orgânica – Planapo 2013-2015, de modo a incentivar a sustentabilidade rural, adotando as seguintes diretrizes:

▷ Promover a soberania e segurança alimentar e nutricional e do direito humano à alimentação adequada e saudável;

▷ Promover o uso sustentável dos recursos naturais;

▷ Apoiar na conservação e recomposição dos ecossistemas modificados por meio de sistemas de produção que reduzam os resíduos poluentes e a dependência de insumos externos para a produção;

▷ Promover sistemas justos e sustentáveis de produção, distribuição e consumo de alimentos;

▷ Promover a valorização da agrobiodiversidade e dos produtos da sociobiodiversidade e estímulo às experiências locais de uso, conservação e manejo dos recursos genéticos vegetais e animais;

▷ Ampliar a participação da juventude rural na produção orgânica e de base agroecológica;

▷ Contribuir na promoção da redução das desigualdades de gênero, por meio de ações e programas que promovam a autonomia econômica das mulheres.

Para saber mais

Para conhecer mais sobre o Planapo, acesse:

BRASIL. Ministério do Desenvolvimento Agrário. Câmara Interministerial de Agroecologia e Produção Orgânica. **Plano Nacional de Agroecologia e Produção Orgânica – Planapo**. Brasília, DF, 2013. Disponível em: <http://http://www.mma.gov.br/images/arquivo/80062/Plano%20Nacional%20de%20Agroecologia%20e%20Producao%20Organica%20-%20PLANAPO.pdf>. Acesso em: 29 maio 2014.

Em síntese, a agroecologia é uma ferramenta indispensável para a conservação da biodiversidade e da qualidade ambiental como um todo, e governos e sociedade devem incentivá-la para que substitua a agricultura tradicional.

Nos próximos capítulos, serão vistas outras importantes ferramentas para a conservação e a preservação da biodiversidade no planeta Terra.

Síntese

A diversidade biológica é entendida como a multiplicidade genética das espécies em determinada área, ecossistema, bioma ou do planeta. O Brasil apresenta biomas característicos de acordo com as condições ambientais das áreas geográficas, sendo o da Amazônia o maior. O bioma mais impactado é o da Mata Atlântica, que teve mais de 90% da sua área reduzida em decorrência das atividades humanas. Entre as iniciativas públicas para evitar a perda da biodiversidade estão as áreas de preservação permanente — APPs e a reserva legal — RL. A agrobiodiversidade trata de cultivar várias espécies na mesma área, com rotação de cultura, de forma a evitar o esgotamento do solo, enquanto a agroecologia é uma forma de agricultura sustentável que respeita os ciclos naturais dos cultivos, evitando o uso de insumos agrícolas artificiais e de agrotóxicos.

Questões para revisão

1. Por que o bioma Mata Atlântica é o mais impactado do Brasil?

2. Qual é a importância da agrobiodiversidade para a gestão da diversidade biológica?

3. Qual é o menor bioma do Brasil?
   a. Cerrado.
   b. Pantanal.
   c. Amazônia.
   d. Pampa.
   e. Caatinga.

Da diversidade biológica à conservação

4. Todas as alternativas a seguir são consequências da perda da biodiversidade, exceto:

   a. erosão.

   b. assoreamento dos rios.

   c. melhora da condição de vida das comunidades ribeirinhas.

   d. aumento de pragas nas lavouras.

   e. extinção de espécies

5. Em relação à distribuição de unidades de conservação nos biomas, o que apresenta menor número é:

   a. Cerrado.

   b. Pantanal.

   c. Amazônia.

   d. Pampa.

   e. Caatinga.

Questões para reflexão

1. (UFFS – 2009) As mudanças previstas nos padrões de temperatura e pluviosidade ao redor do mundo têm importantes implicações para a biologia da conservação. Assinale a alternativa INCORRETA:

   a. Mudanças nas condições ambientais afetarão o tamanho e a localização de áreas habitáveis das espécies.

   b. As reservas naturais podem passar a estar em lugar errado com a mudança climática global.

   c. Modelos de mudança climática global podem ser usados para salvar as espécies e as comunidades por ocasião do planejamento da conservação de espécies individuais ou do delineamento de redes de reservas.

   d. Alterações nos padrões de temperatura e pluviosidade vão ocasionar modificações nos ciclos de nutrientes e no fluxo de energia dos ecossistemas.

   e. As alterações no habitat oriundas da mudança climática global aumentam a biodiversidade.

2. (UFFS – 2009) Assinale a alternativa CORRETA:

a. A agroecologia é um modelo de agricultura que, com a adoção de determinadas práticas ou tecnologias agrícolas, visa à produção de produtos orgânicos.

b. A lei de biossegurança estabelece normas para a introdução de plantas exóticas em território brasileiro.

c. Estudos têm demonstrado que a agrodiversidade leva à menor possibilidade de sustentabilidade de pequenos agricultores.

d. A agrodiversidade apresenta limitações para o aumento da diversidade biológica.

e. A agroecologia é vista como ciência que estabelece as bases para a construção de estilos de agriculturas sustentáveis e de estratégias de desenvolvimento rural sustentável.

Capítulo 2

Diversidade biológica: impactos e índices

Conteúdos do capítulo

- Impactos ambientais sobre a biodiversidade.
- Fragmentação dos *habitats*.
- Introdução de espécies exóticas.
- Exploração de espécies.
- Monoculturas.
- Contaminação do meio ambiente.
- Mudanças climáticas.
- Diversidade cultural × diversidade biológica.
- Índices de biodiversidade.
- Distribuição de abundância.
- Riqueza.
- Equabilidade.
- Índice de Brillouin (H).
- Índice de Shannon (Weaver: H').
- Espécie-equivalente.
- Índice de Simpson (D).
- Índice de dominância Berger-Parker (d).
- Sistemas de informação geográfica aplicado à biodiversidade – SIGs.

Após o estudo deste capítulo, você será capaz de:

1. avaliar os principais impactos das atividades humanas sobre a biodiversidade;
2. entender como a introdução de espécies exóticas pode prejudicar o meio ambiente;
3. constatar a importância dos aspectos socioculturais das comunidades tradicionais sobre a diversidade biológica;
4. compreender a aplicação dos índices de biodiversidade como ferramentas de gestão;
5. avaliar a aplicação de um SIG como instrumento de gestão da biodiversidade.

2.1 Impactos sobre a biodiversidade

Muitos são os impactos das atividades antrópicas sobre os ecossistemas e os biomas, promovendo a destruição do que a natureza demorou milhares e até milhões de anos para construir.

O capitalismo, associado ao consumismo, é responsável pela devastação dos recursos naturais por meio da exploração massiva, que, entre outras ações, contamina o meio ambiente com substâncias sintéticas que os organismos não estão adaptados para biodegradar, tais como os agrotóxicos e as dioxinas.

Legalmente, o conceito de **impacto ambiental** é dado pelo art. 1º da Resolução Conama n. 1, de 23 de janeiro de 1986 (Brasil, 1986):

> Art. 1º Para efeito desta Resolução, considera-se impacto ambiental qualquer alteração das propriedades físicas, químicas e biológicas do meio ambiente, causada por qualquer forma de matéria ou energia resultante de atividades humanas que, direta ou indiretamente, afetem:
>
> I – a saúde, a segurança e o bem-estar da população;
>
> II – as atividades sociais e econômicas;
>
> III – a biota;
>
> IV – as condições estéticas e sanitárias do meio ambiente;
>
> V – a qualidade dos recursos ambientais.

Para saber mais

Para saber mais sobre a resolução do Conama, acesse:

BRASIL. Ministério do Meio Ambiente. Conselho Nacional do Meio Ambiente. Resolução n. 1, de 23 de janeiro de 1986. **Diário Oficial da União**, Brasília, DF, 17 fev. 1986. Disponível em: <http://www.mma.gov.br/port/conama/res/res86/res0186.html>. Acesso em: 29 maio 2014.

Apesar de a legislação brasileira prever punições e restrições, exigir licenciamentos ambientais, com os respectivos Estudo de Impacto Ambiental – EIA e Relatório de Impacto Ambiental – Rima, além de fazer diversas outras exigências para as atividades industriais, comerciais etc., de fato a biodiversidade vem sendo reduzida a cada dia em virtude das necessidades humanas que pouco consideram a diversidade

Diversidade biológica: impactos e índices

biológica como um bem público e imprescindível para a manutenção da vida no planeta.

Entre as atividades que merecem destaque na perturbação da biodiversidade e de seus processos naturais estão a agricultura e a pecuária, a geração de energia, os processos industriais, a exploração de espécies, a liberação de substâncias químicas no meio ambiente, as obras de engenharia, como construção de estradas e estruturas viárias, a introdução de espécies exóticas nos ecossistemas, a fragmentação de *habitats*, as queimadas, a pesca predatória, a liberação de esgoto nos corpos hídricos, a extração de minérios e demais recursos naturais, a disposição de resíduos sólidos, entre tantas outras. Incluem-se ainda nessa relação os acidentes ambientais decorrentes, por exemplo, de derramamento de petróleo, resíduos nucleares e substâncias diversas.

Dos biomas brasileiros explicados no Capítulo 1, o mais afetado é a Floresta Atlântica, que foi reduzida nesses 500 anos de invasão do homem branco às terras brasileiras a apenas, aproximadamente, 7% de sua área original. Muitas espécies que viviam na região nem mesmo chegaram a ser descobertas ou catalogadas pelos cientistas brasileiros.

Outros biomas seguem o mesmo destino em ordem de devastação: o Pampa sulino, o Cerrado e a Caatinga.

Na Amazônia, monitorada já há alguns anos, tem-se verificado diminuição no desmatamento em decorrência das pressões internacionais e das comunidades ambientais, ações que não impediram que cerca de 15% de sua área já tenha sido desmatada.

A perda da biodiversidade resulta também em diminuição de potenciais medicamentos, alimentos, conservação do solo e dos recursos hídricos, aumento de pragas nas áreas cultivadas, entre outras consequências que podem prejudicar a própria sobrevivência humana.

Infelizmente, a gestão da biodiversidade que incorpore uma mudança de postura por parte da humanidade quanto à conservação e à preservação ainda está longe de ser conquistada.

Para refletir

Com carne e com floresta

Um dos pilares da argumentação contra a conservação da natureza no Brasil é que precisamos de mais área para nossa produção agropecuária. Ou seja, a ideia é que temos necessidade de produzir mais alimentos tanto para nossa população quanto para a exportação. Parte disso é verdade, mas o cerne do argumento – a necessidade de mais áreas – é falso.

Há muitas coisas que se devem levar em conta quando o assunto é a produção agropecuária, desde a questão da concentração de terras até a tecnologia utilizada. Aqui, porém, o tema vai ser a produtividade brasileira. Há dados que mostram que ela poderia ser muito melhorada. Nossa produtividade média de arroz, milho e feijão é bastante baixa quando comparada com países como a Austrália, os Estados Unidos, a Itália, a Holanda, a França, o Uruguai e o Chile. Mesmo a mandioca, nativa daqui, apresenta uma produtividade apenas razoável. Só a cana-de-açúcar e a soja possuem produtividade comparável àquela apresentada por países de produtividade alta.

O mesmo acontece com nossa pecuária: baixa produtividade e a persistência do argumento sobre a necessidade de abertura de novas áreas. Agora um estudo, lançado pelo Imazon (Instituto do Homem e Meio Ambiente da Amazônia), mostra que é possível mudar essa situação e dá a receita de como aumentar a produtividade da pecuária e reduzir o desmatamento concomitantemente. Enfatizando que o fator crítico para aumentar a produção sem desmatar é aumentar a produtividade, o Imazon estimou que seria possível suprir o aumento da demanda de carne projetada até 2022 aumentando a produtividade em cerca de 24% do pasto com potencial agronômico. Assim, sem desmatar nada, seria possível aumentar o valor da produção pecuária em aproximadamente R$ 4 bilhões. Mas, para que isso aconteça, segundo o Instituto, o governo precisa corrigir as falhas nas políticas que desencorajam o investimento nessas áreas e nas que estimulam o desmatamento.

Diversidade biológica: impactos e índices

Vale a pena ler o estudo – ou pelo menos dar uma olhada –, pois ele nos remete à repetição de uma história já conhecida por nós: o fim de uma floresta por causa, majoritariamente, da forma de uso que a agricultura faz de suas terras. Assim foi com a Mata Atlântica, uma floresta que parecia sem fim – onde as terras eram sucessivamente desmatadas, usadas por pouco tempo para o cultivo e abandonadas – mas que virtualmente acabou. Não dá para fechar os olhos, e o estudo do Imazon nos ajuda a mantê-los bem abertos, até mesmo de espanto!

Fonte: Bensusan, 2013.

2.2 Fragmentação dos habitats

Mais uma vez, reitera-se que as atividades humanas, como a agropecuária, são responsáveis por uma série de mudanças no relevo natural e na repartição das áreas naturais onde se localiza uma variedade de espécies.

Denomina-se *fragmento* o fenômeno de partição do que antes foi um todo, isto é, uma parcela que sobrou em razão das atividades desenvolvidas no local, tornando o espaço restante uma espécie de Ilha.

Os *habitats* são os locais nos quais os organismos se desenvolvem naturalmente e se reproduzem. Portanto, a fragmentação deles é entendida como fragmentos dos *habitats* naturais, nos quais ilhas, ou bolsões, ou ainda manchas, apresentam condições ambientais semelhantes ao *habitat* anterior, porém com espaço reduzido (Figura 2.1).

Figura 2.1 – Manchas de habitats

Crédito: Jason Edwars/Alarmy/Latinstock

57

Segundo o Ministério do Meio Ambiente – MMA (Brasil, 2003b), as características dos fragmentos, como a distância entre eles, o grau de isolamento, o tamanho e a sua forma, as quais diferem do *habitat* original em relação à borda, afetam direta e indiretamente a biota.

É preciso lembrar que, quando se pensa num *habitat* natural, existem espécies que vivem próximas à borda, enquanto outras permanecem mais para o interior, em mata fechada, por exemplo. Num acentuado fenômeno de fragmentação, o centro do fragmento pode ficar muito próximo à borda, expondo a perigos os organismos mais vulneráveis.

Além disso, alguns animais se locomovem mais que outros e, portanto, têm uma distribuição geográfica mais acentuada. Nesse caso, tais espécies são capazes de cruzar os espaços abertos entre um fragmento e outro, passando entre as lavouras ou espaços urbanos.

A fragmentação de *habitats*, como ocorre nas florestas tropicais, está entre as principais alterações do meio ambiente feitas pelo homem, que, assim, transformou grandes espaços contínuos em paisagens semelhantes a mosaicos (Brasil, 2003b).

Uma das consequências da fragmentação é que as espécies mais adaptadas às perturbações, principalmente a vegetação pioneira, como os arbustos, podem tornar-se dominantes no ambiente (Gascon; Tabarelli, 2005), o que diminuirá a população de outros organismos, afetando, consequentemente, sua biodiversidade.

Acentuam-se aqui ainda os impactos devidos à exploração de espécies no interior do fragmento. Como a população nessas manchas vive em estresse ambiental, é de se esperar que ela decaia de forma a atingir um novo equilíbrio. Caso haja caça ou retirada de espécies, aumenta exponencialmente a probabilidade de extinção.

É sabido que os ecossistemas têm naturalmente uma resistência (capacidade de suportar as alterações ambientais) e uma resiliência (capacidade do ecossistema de retornar ao equilíbrio) naturais em face das perturbações. No entanto, se mesmo assim ainda houver uma perturbação no interior do fragmento, os impactos serão muito maiores.

As bordas ainda enfrentam outro desafio: os agroquímicos. O uso de agrotóxicos, como herbicidas e pesticidas, representam uma ameaça para

Diversidade biológica: impactos e índices

as espécies que resistiram à perda de *habitat*, especialmente naquelas vegetações de borda, nas quais o chamado *efeito fitotóxico* pode causar danos nas estruturas das folhas, dos caules e até das raízes. Assim, somente os organismos mais resistentes sobrevivem, diminuindo ainda mais a biodiversidade. Além disso, assevera-se o efeito de bioacumulação nas espécies herbívoras, que mais tarde contamina toda a cadeia trófica.

Para completar o desastre, existe também a distribuição natural das espécies na mata, seja pela presença de determinado recurso, tal como cursos d'água, alimentos ou espaços territoriais, seja simplesmente em virtude da localização de seu nicho ecológico. Se, por exemplo, determinada espécie estiver localizada exatamente em área que será desmatada para a construção de uma grande estrada de rodagem ou para o cultivo agrícola, o resultado poderá ser a extinção da espécie em questão.

Para agravar a situação, existem as espécies endêmicas, sejam flores raras, sejam animais silvestres que pouco se dispersam na floresta, entre outras. Nesse caso, pode ocorrer uma perturbação em toda a comunidade, dependendo do papel ecológico que desempenham no ecossistema, como a posição estratégica que exercem na cadeia alimentar ou sua coexistência com outras espécies.

Uma forma de amenizar esses impactos é recorrer à criação de corredores ecológicos, assunto que será discutido mais adiante neste livro.

2.3 Introdução de espécies exóticas

A biodiversidade existente numa floresta depende de vários fatores históricos e evolutivos. Isso significa dizer que, num ecossistema equilibrado, existe uma relação distinta de presa-predador e de plantas e herbívoros, bem como o uso dos recursos ambientais nele existentes.

No entanto, quando o homem insere em um determinado ecossistema espécies que não pertencem naturalmente a ele, cria um distúrbio na biodiversidade, especialmente porque elimina a figura do predador natural, fazendo com que as espécies se reproduzam sem controle biológico, o que impactará os recursos e poderá causar a proliferação de pragas em caso de superpopulação. Portanto, a espécie exótica invasora consegue modificar o ecossistema.

Tal espécie é aquela que ameaça o ecossistema, por exemplo, fungos, algas, briófitas, pteridófitas, plantas superiores, invertebrados, peixes, anfíbios, répteis, pássaros e mamíferos, constituindo uma das maiores ameaças à biodiversidade do planeta, atrás somente da perda e degradação dos *habitats* (Brasil, 2014i).

No Brasil, diversas espécies de plantas e animais exóticos foram introduzidas nos ecossistemas sem, em alguns casos, nenhum estudo científico prévio, muitas delas com altíssimo valor comercial.

Exemplo de espécie exótica nos ecossistemas brasileiros é o pardal (*Passer domesticus*), originário do Oriente Médio, que veio de Portugal e foi solto na natureza pelo então prefeito do Rio de Janeiro, Pereira Passos (Silva; Santos; Silva, 2007), sendo hoje encontrado em qualquer cidade do país.

O número das espécies exóticas invasoras no Brasil é grande. Segundo o Instituto Brasileiro do Meio Ambiente e dos Recursos Naturais Renováveis – Ibama (Brasil, 2006d), foram identificadas 176 espécies, sendo 68 da fauna e 108 da flora.

Figura 2.2 – Espécie invasora no Brasil: pardal

Crédito: Fotolia

Chama ainda atenção a existência de espécies comerciais, como a tilápia do Nilo (*Oreochromis niloticus*), originária da África, cuja criação é incentivada como fonte de renda para agricultores brasileiros, e o tucunaré (*Cichla ocellaris*), que existe em território brasileiro, na Amazônia, mas que tem sido solto nos reservatórios da Região Sul do país.

Diversidade biológica: impactos e índices

O Brasil tem trabalhado na prevenção e no controle das espécies invasoras por meio da Câmara Técnica Permanente Sobre Espécies Exóticas Invasoras – CTPEEI, vinculada à Comissão Nacional de Biodiversidade – Conabio, que editou a Resolução n. 5, de 21 de outubro de 2009, com estratégias de ações prioritárias a serem desenvolvidas para prevenir e controlar tal fenômeno, propondo políticas públicas e instrumentos legais, entre outras medidas, a fim de solucionar o problema das espécies exóticas.

> **Para saber mais**
>
> **Quer conhecer a lista das espécies exóticas invasoras?**
>
> O MMA tem publicações específicas sobre as espécies exóticas invasoras no Brasil, nos ambientes terrestres e marinho. Para descobrir quais são essas espécies, acesse:
>
> BRASIL. Ministério do Meio Ambiente. **Espécies exóticas invasoras**. Disponível em: <http://www.mma.gov.br/estruturas/174/_publicacao/174_publicacao17092009113400.pdf>. Acesso em: 29 maio 2014.

2.4 Exploração de espécies

A exploração de espécies com fins comerciais, seja para a alimentação, seja no campo medicinal, tem sido outra causa da perda da biodiversidade nos ecossistemas terrestre e aquático.

A caça e a pesca predatórias, como a de arrasto, são exemplos da exploração indiscriminada dos variados tipos de organismos.

Contudo, destaca-se a exploração das espécies aquáticas. Segundo a Organização das Nações Unidas – ONU (2012a), cerca de 85% dos estoques globais de peixes estão sob pressão da pesca predatória, sendo que no nordeste do Atlântico, no Oceano Índico ocidental e no noroeste do Pacífico estão as maiores proporções de estoques totalmente explorados.

A situação é muito preocupante, pois boa parte da população mundial depende do pescado para sua sobrevivência, além de haver a questão do emprego e da renda. O alarmante é que os estoques pesqueiros vêm diminuindo num ritmo que a natureza já não consegue acompanhar.

Diante desse cenário assustador, fica a questão: o que fazer para resolver a situação relativa ao fato de somente pouco mais de 1% dos oceanos estar em áreas protegidas?

Como se não bastasse, durante a pesca, especialmente com rede de arrasto (Figura 2.3), muitas espécies desprovidas de interesse comercial são devolvidas ao mar, normalmente mortas, e muitas vezes entre elas são encontradas algumas protegidas ou ameaçadas de extinção, que não podem ser vendidas pelo pescador.

Figura 2.3 – Pesca predatória com rede de arrasto

Crédito: Fotolia

O resultado desse cenário é a redução da população não só de peixes, mas também de outros organismos aquáticos, o que vem contribuindo para a diminuição da biodiversidade aquática.

Some-se a isso a exploração de peixes ornamentais oriundos, sobretudo, da Amazônia, o que coloca em risco algumas espécies, embora boa parte do comércio de peixes ornamentais no Brasil se deva à criação em cativeiro (Brasil, 2008).

As espécies florestais também são superexploradas para a produção de madeira, fato que contribui para o desmatamento, sendo este considerado um dos grandes vilões da perda da diversidade biológica nos biomas brasileiros.

2.5 Monoculturas e organismos geneticamente modificados

A monocultura consiste em cultivar a área de plantio com a mesma espécie durante um longo período de tempo, repetidas vezes, com pouca ou nenhuma rotação de cultura. Tal prática é um exemplo da interferência do homem nos processos naturais dos ecossistemas, pois ele impõe, por razões comerciais, a dominância de uma única espécie na região.

Diversidade biológica: impactos e índices

O desmatamento provocado pela agricultura vem contribuindo para a depreciação genética das espécies, ao mesmo tempo que eleva o risco de pragas e a dependência da compra de sementes das empresas que dominam a tecnologia da agroindústria.

Acrescente-se que, como a monocultura empobrece sobremaneira o solo, o agricultor tem de constantemente utilizar nutrientes químicos e estabilizar o pH do terreno. Além disso, com frequência, nas regiões em que se realiza esse tipo de prática, são utilizadas sementes geneticamente modificadas, acentuando-se ainda mais os impactos sobre a biodiversidade.

Os organismos geneticamente modificados – OGMs, ou simplesmente transgênicos, normalmente são híbridos, ou seja, incapazes de se reproduzirem, o que deixa os agricultores dependentes das sementes e do pagamento de *royalties* para usá-las (Silva; Rodrigues; Miceli, 2014).

Em muitos casos, o detentor da patente do OGM é o mesmo que fabrica os agrotóxicos e, assim, promove a venda casada das sementes com os defensivos agrícolas, tornando o agricultor seu refém.

É o que acontece com o híbrido da soja Roundup Ready, da empresa Monsanto, considerada uma das mais poluidoras do planeta. Esse tipo de soja é resistente ao agrotóxico glifosato, também conhecido como *mata mato* e fabricado pela própria Monsanto (Silva; Rodrigues; Miceli, 2014). Como se sugere que o aumento da dosagem não vai prejudicar a lavoura, pois esse OGM é resistente ao glifosato, nos últimos anos se verificou um acréscimo considerável no uso de agrotóxicos pelos agricultores brasileiros.

Vale lembrar que o discurso associado aos OGMs foi o mesmo empregado com os agrotóxicos: acabar com a fome do mundo. Você acredita nisso?

> **Perguntas & respostas**
>
> **Como a soja Roundup Ready resiste à ação do herbicida?**
>
> Ela resiste ao glifosato, que é uma substância organofosforada capaz de causar danos neurotóxicos, entre outros efeitos nocivos, porque em sua constituição genética foi adicionado o gene de uma bactéria do gênero *agrobacterium*, que é resistente ao herbicida.

2.6 Contaminação ambiental

A poluição ambiental resultante das ações do homem na natureza causa inúmeras adversidades que deixam sequelas nos ecossistemas. Algumas delas serão comentadas a seguir.

Existe perda de biodiversidade em decorrência da disposição inadequada de resíduos sólidos, domésticos e industriais, sendo muitos deles de alta toxicidade para os organismos, como os metais pesados e outros produtos (Silva et al., 2013).

A poluição atmosférica é outro fator significativo de danos à biodiversidade, em razão da fitotoxicidade de muitas substâncias dispersas no ar e da chuva ácida que danifica a vegetação e acidifica a água, o que, por conseguinte, biodisponibiliza metais pesados dissolvidos na água, aumentando a toxicidade para os peixes e demais organismos aquáticos.

O uso de agrotóxicos e fertilizantes no campo causa um fenômeno chamado *eutrofização*, que é a entrada de nutrientes no sistema aquático, o que desencadeia a proliferação de microalgas (cianobactérias). Muitas dessas cepas produzem toxinas e prejudicam a reprodução e a sobrevida dos organismos aquáticos (Silva et al., 2011).

A liberação de esgoto e de outros produtos na água também causa danos diretos à biodiversidade, na medida em que diminui o oxigênio dissolvido, levando os organismos aeróbios à morte.

E, por fim, acidentes ambientais podem provocar sérios danos aos ecossistemas. É o caso do derramamento de petróleo, que impacta direta e indiretamente na vegetação e na microbiota do solo e da água, bem como nos animais de grande porte, como aves e roedores, além de causar a morte de diversas espécies aquáticas quando colocadas em contato com a fração solúvel do petróleo (Silva et al., 2009).

2.7 Mudanças climáticas

Embora as causas das mudanças climáticas ainda despertem polêmicas, é certo que esse fator influencia negativamente muitas espécies do planeta. Convém observar que mudanças climáticas não se limitam ao aquecimento

Diversidade biológica: impactos e índices

global; envolvem também as fortes intempéries climáticas que têm ocorrido por todo o mundo.

Quanto aos seus efeitos, destaca-se a migração ou redistribuição da biota pelo planeta em áreas mais afetadas. Siqueira, Padial e Bini (2009) fizeram um levantamento das pesquisas científicas acerca do tema e identificaram diversas publicações que descrevem como as comunidades biotas estão sendo afetadas pelas mudanças climáticas, embora ainda exista certo ceticismo por parte de grupos de cientistas quanto ao assunto. Muitos dos artigos científicos publicados evidenciam que o crescimento de algumas plantas está prolongado no Hemisfério Norte em virtude do aquecimento global, embora evidentemente muitos grupos taxonômicos possam responder diferentemente a um mesmo evento.

Os principais efeitos do aquecimento global parecem estar relacionados às maiores latitudes e às regiões montanhosas (Sala et al., 2000, citado por Siqueira; Padial; Bini, 2009). Desse modo, acredita-se que o aumento da temperatura afete o pH da água, acidificando-a pelo acúmulo de CO_2 dissolvido, e isso contribui também para a solubilização de diversos compostos que, em temperatura mais baixa, se manteriam precipitados ao fundo, inertes, mas que, com a temperatura um pouco mais elevada da água, se dissolvem e afetam a biota.

Os recifes de corais, berçários de variadas espécies de organismos aquáticos e onde muitas passam todo o seu ciclo de vida, parecem ser diretamente afetados pelas mudanças climáticas, especialmente pela acidificação da água em decorrência do excesso de CO_2 dissolvido. Nesses locais existe grande biodiversidade e, portanto, se eles deixarem de existir, o resultado poderá ser catastrófico.

As mudanças climáticas – secas, inundações, tufões, ciclones e outras – também exercem influência nas colheitas de alimentos, o que colocou o mundo em estado de alerta desde a Convenção-Quadro das Nações Unidas sobre Mudança do Clima (*United Nations Framework Convention on Climate Change* – UNFCCC), em 1994.

Um dos grandes receios relacionados às mudanças climáticas e à perda da biodiversidade refere-se às chamadas **zonas úmidas**, assim definidas pelo MMA (Brasil, 2014g):

toda extensão de pântanos, charcos e turfas, ou superfícies cobertas de água, de regime natural ou artificial, permanentes ou temporárias, contendo água parada ou corrente, doce, salobra ou salgada. Áreas marinhas com profundidade de até seis metros, em situação de maré baixa, também são consideradas zonas úmidas.

Essas zonas são responsáveis por abrigar uma expressiva biodiversidade, além dos serviços ecológicos e econômicos que geram.

Como as zonas úmidas apresentam grande reservatório de CO_2, elas podem ser afetadas diretamente pelo aquecimento global e pelas consequentes mudanças climáticas, ocorrendo a acidificação das águas dessa zona e a morte de espécies sensíveis. Na sequência, são apresentadas as principais espécies ameaçadas de extinção caso as zonas úmidas não sejam conservadas.

O crescimento desproporcional de algumas espécies de plantas mais favoráveis a temperaturas elevadas em detrimento de outras também pode desequilibrar os ecossistemas naturais, promovendo alterações nos biomas.

Espécies ameaçadas de extinção nas zonas úmidas (Dados da Lista Vermelha da IUCN, Birdlife Internacional e Wetlands Internacional)

Anfíbios

26% das espécies de anfíbios de água doce do mundo estão ameaçadas.

Em geral, os anfíbios estão em uma situação crítica, incluindo as espécies terrestres (principalmente as que vivem em florestas) e de água doce, sendo que no mundo 29% das espécies estão ameaçadas.

Pelo menos 42% de todas as espécies de anfíbios analisadas estão em declínio e menos de 1% das espécies aumentou suas populações.

Peixes de água doce

33% das espécies de peixes da água doce analisadas estão ameaçadas.

Diversidade biológica: impactos e índices

Crédito: Fotolia

Mamíferos dependentes das zonas úmidas

38% das espécies avaliadas que dependem de água doce estão mundialmente ameaçadas, incluindo o peixe-boi e os golfinhos de rios, entre os quais todas as espécies analisadas estão ameaçadas de extinção.

Os mamíferos aquáticos estão mais ameaçados do que os terrestres (21% das espécies estão ameaçadas) e as aves aquáticas.

Crédito: Fotolia

Aves aquáticas

Das 826 espécies de aves aquáticas listadas pela Birdlife International, 17% são consideradas ameaçadas.

Das 1.138 populações de aves aquáticas cujas tendências são conhecidas, 41% estão em declínio.

As aves aquáticas estão mais ameaçadas do que as outras espécies de aves e sua situação tem se deteriorado rapidamente nos últimos 20 anos.

Tartarugas

72% das 90 espécies de tartarugas de água doce analisadas estão ameaçadas.

6 em cada 7 espécies de tartarugas marinhas estão na lista de espécies ameaçadas.

Apesar de as tartarugas marinhas passarem a maior parte do tempo no mar, elas utilizam as zonas úmidas costeiras para se alimentar e se reproduzir.

Recifes de coral

27% das espécies que constroem os recifes de coral estão ameaçadas.

Crocodilos

43% das espécies de crocodilos estão ameaçadas, apesar de a base de dados utilizada ter mais de 10 anos. Dados recentes (desde 2000) indicam que 3 em cada 5 espécies avaliadas estão ameaçadas (60%).

Fonte: Adaptado de Brasil, 2014g.

Diversidade biológica: impactos e índices

2.8 Diversidade cultural × diversidade biológica

A diversidade cultural deve também inserir-se na biodiversidade porque as questões culturais de comunidades tradicionais incorporam saberes acerca da diversidade biológica que transpassam os conceitos científicos.

Ambas as formas de diversidade, cultural e biológica, estão interligadas e dependentes uma da outra, sobretudo em áreas de difícil alcance, como no interior das florestas onde vivem aldeias dos povos indígenas.

Essa ligação simbiótica dos povos tradicionais com a natureza faz todo o sentido quando se coloca o homem como parte dos ecossistemas, e não como dono da biodiversidade, até porque dentro da própria espécie *Homo sapiens* existem diversas raças com diferenças não somente na cor dos olhos, dos cabelos e na pele, mas também na altura, entre outras características.

A integração entre homem e meio ambiente tem sido evidenciada ao longo dos tempos em diversas culturas e etnias.

Em 2005, a diversidade cultural ganhou um forte aliado com a adoção pela Unesco (United Nation Educational, Scientific and Cultural Organization – Organização para a Educação, a Ciência e a Cultura das Nações Unidas) da Convenção sobre a Proteção e Promoção da Diversidade das Expressões Culturais, cujos objetivos são os seguintes (Unesco, 2007, p. 3):

> (a) proteger e promover a diversidade das expressões culturais;
>
> (b) criar condições para que as culturas floresçam e interajam livremente em benefício mútuo;
>
> (c) encorajar o diálogo entre culturas a fim de assegurar intercâmbios culturais mais amplos e equilibrados no mundo em favor do respeito intercultural e de uma cultura da paz;
>
> (d) fomentar a interculturalidade de forma a desenvolver a interação cultural, no espírito de construir pontes entre os povos;
>
> (e) promover o respeito pela diversidade das expressões culturais e a conscientização de seu valor nos planos local, nacional e internacional;
>
> (f) reafirmar a importância do vínculo entre cultura e desenvolvimento para todos os países, especialmente para países em desenvolvimento, e encorajar as ações empreendidas

no plano nacional e internacional para que se reconheça o autêntico valor desse vínculo;

(g) reconhecer a natureza específica das atividades, bens e serviços culturais enquanto portadores de identidades, valores e significados;

(h) reafirmar o direito soberano dos Estados de conservar, adotar e implementar as políticas e medidas que considerem apropriadas para a proteção e promoção da diversidade das expressões culturais em seu território;

(i) fortalecer a cooperação e a solidariedade internacionais em um espírito de parceria visando, especialmente, ao aprimoramento das capacidades dos países em desenvolvimento de protegerem e de promoverem a diversidade das expressões culturais.

Entretanto, mais importante ainda do que esse reconhecimento internacional é a sinergia entre os saberes culturais de comunidades tradicionais, como as dos ribeirinhos, as quilombolas, as indígenas e outras, e a biodiversidade, de modo que se tornam interdependentes (Reis, 2006).

Nessa mesma linha se encontra a agricultura familiar, que, desprovida de grandes recursos financeiros, busca soluções mais ecológicas, por exemplo, a compostagem de resíduos orgânicos, como forma de tratar e recuperar o solo para o plantio de cultivares.

Esse tipo de cultura de subsistência, quase sempre encontrado em todos os recantos do Brasil e em diversas partes do mundo, consiste em empregar os próprios membros da família do agricultor para trabalhar na lavoura, utilizando o mínimo de insumos artificiais, uma vez que normalmente são pessoas de baixa renda.

Apesar dessa condição, os agricultores que assim vivem se integram de forma mais harmoniosa com o meio ambiente e favorecem a rotatividade de culturas, plantando concomitantemente diversas espécies cultivares, pois necessitam de variedades para sua alimentação, constituída de produtos colhidos diretamente da terra.

Diversidade biológica: impactos e índices

Essa necessidade rotacional de cultivos respeita as épocas de plantio de acordo com o tipo de alimento a ser colhido, o que contribui para a conservação do solo e do ecossistema, pelo fato de não favorecer o aparecimento de pragas.

No entanto, esses mesmos agricultores se tornam presas fáceis para os latifundiários, que constantemente intentam comprar-lhes as terras. Aqueles que as vendem acabam por vezes marginalizados nos grandes centros urbanos, para onde, ainda que despreparados, se dirigem em busca de uma vida melhor e mais cômoda.

Portanto, uma correta política de gestão de biodiversidade deve aliar a proteção dessas atividades agrícolas com os saberes tradicionais dos povos, que descobriram na natureza muito mais que alimentos e medicamentos, mas uma integração espiritual entre o homem e o meio em que vive.

2.9 Índices de biodiversidade

Na gestão da biodiversidade, os índices são de suma importância para um correto gerenciamento da conservação e da preservação ambientais, considerando-se a diversidade de espécies de flora e fauna de uma região de interesse ecológico.

Mas por que usar índices?

Índices de diversidade biológica atuam como uma forma de classificar e agrupar os táxons, sendo constituídos por proporções ou expressões matemáticas das relações de importância das espécies (Matos; Silva; Berbara, 1999). Utilizam-se os índices para verificar as condições matemáticas das espécies nos ambientes, podendo-se prever, assim, as perturbações e os perigos relativos a uma redução drástica de uma espécie numa comunidade ou ecossistema. Em suma, eles servem de instrumento de monitoramento ambiental.

Há três conceitos principais quando se utilizam índices de diversidade: a riqueza, a abundância e a equabilidade, explicados a seguir.

A **riqueza** refere-se especificamente à quantidade de espécies, ou seja, ao número de espécies em uma determinada área. Pode-se dizer, por exemplo, que em uma área de preservação permanente – APP foram encontradas dez espécies diferentes de aves.

É possível comparar a riqueza das espécies entre áreas por meio da densidade de espécies (D = número de espécies/área), considerando-se que aquela de maior densidade de riqueza poderá ser a área prioritária para conservação. No entanto, essa simples fórmula matemática não considera a importância, a raridade ou o endemismo das espécies.

A **abundância** refere-se à distribuição de espécies em uma comunidade, podendo ser usada para avaliar o efeito das perturbações naturais ou antrópicas em uma comunidade (Odum, 1988). Por exemplo: imagine que em uma determinada área foram encontradas 100 aves. Ao se fazer a separação das espécies, verificou-se que havia 50 indivíduos de uma espécie (A), 30 de outra (B) e mais duas espécies com 10 indivíduos cada (C e D). Assim, a área em questão apresenta cinco espécies de aves (riqueza = 5), sendo que a espécie A é mais abundante que as demais, ou seja, B, C e D. Com esses dados, é possível comparar a distribuição de abundância das espécies em diversas áreas, de modo que aquela com uma distribuição mais uniforme seria mais equilibrada, o que na natureza raramente ocorre.

Contudo, como saber o quanto coletar de indivíduos que representem a riqueza e a abundância das espécies em uma determinada área?

É de se esperar que, quanto mais se coletar de indivíduos, maior será sua riqueza, porém, em um ecossistema, isso se torna quase impossível. Assim, recorre-se a uma ferramenta chamada *curvas coletoras*, ou de acumulação de espécies. Plota-se em um gráfico no eixo X a quantidade de indivíduos coletados (ou parcelas de áreas) e no Y o número acumulado de espécies; por fim, traça-se uma curva. Quando esta se estabiliza, significa que a coleta de amostras é suficiente; caso contrário, é preciso continuar coletando até que se atinja o equilíbrio (a assíntota), conforme ilustrado no Gráfico 2.1.

Diversidade biológica: impactos e índices

Gráfico 2.1 – Exemplo de curva de coleta para representar a diversidade de espécies em uma área

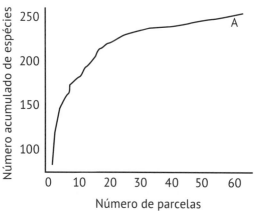

Fonte: Schilling; Batista, 2008.

Por fim, a **equabilidade** ou **equitatividade** significa a similaridade das espécies dentro da comunidade, isto é, sua importância. Se todas as espécies de uma comunidade tiverem a mesma representatividade, então a equabilidade será máxima (Melo, 2008). A equabilidade indica também se há ou não uma espécie dominante na comunidade. Se a proporção das espécies for igual, significa que não existem espécies dominantes.

O índice de equabilidade mais comum é o Pielou (J), dado por:

$$J = H'/H(max)$$

em que:

⊘ H' = índice de diversidade de Shannon;
⊘ Hmax = ln (S); S = número de espécies (riqueza).

O J varia de 0 a 1, com 1 indicando a máxima diversidade, ou que as espécies na comunidade são igualmente abundantes.

Existem diversos índices que utilizam um ou outro dos componentes citados (riqueza, abundância e equabilidade), escolha que depende do objetivo da análise dos dados. Entretanto, não existe um índice perfeito e, por isso, para definir áreas prioritárias para conservação, há de se considerar a possibilidade de avaliar vários índices de biodiversidade para as mesmas regiões de interesse, bem como utilizar outras ferramentas, como o endemismo e o grau de preservação ou devastação desses locais.

2.9.1 Índice de Brillouin (H ou HB)

O índice de Brillouin, conhecido como H ou HB, leva em conta a riqueza e a equabilidade.

Nesse índice, a comunidade precisa ser totalmente inventariada, ou seja, é necessário que se conheçam todas as espécies de uma determinada comunidade, o que na prática é muito difícil.

Matematicamente, o índice H é dado por:

$$H = (1/N) (\log N! - \textstyle\sum_1^s \log Ni!)$$

em que:

⊘ N = número total de indivíduos na comunidade;

⊘ S = número de espécies total na comunidade;

⊘ Ni = número de indivíduos da espécie *i* na comunidade.

O índice H é dependente do tamanho da comunidade e, como necessita a contagem total das espécies, só é aplicável para áreas pequenas e espécies-alvo definidas.

2.9.2 Índice de Shannon-Weaver (H')

Um dos instrumentos de biodiversidade mais populares, o índice de Shannon-Weaver, ou simplesmente Shannon (H'), considera a amostragem das espécies numa comunidade, ou seja, não é preciso contar todas elas como no índice H.

Matematicamente, ele é dado por:

$$H' = - \textstyle\sum_{i=1}^s pi \cdot \ln pi$$

em que:

⊘ pi = abundância relativa da espécie *i* na amostra = ni/N; ni = número de indivíduos da espécie *i*; N = número total de indivíduos na amostra;

⊘ S = número de espécies total na comunidade.

Diversidade biológica: impactos e índices

O H' é facilmente calculado e expressa a importância relativa de cada espécie na comunidade, atribuindo um maior peso para as espécies raras e considerando a riqueza das espécies; além disso, os indivíduos são tomados da população e amostrados ao acaso, de modo a se tentar representar todas as espécies independente do tamanho da amostra (Matos; Silva; Berbara, 1999).

Para comparar os índices de várias áreas, é preciso utilizar testes estatísticos, uma vez que o H' se baseia em amostras, e não na totalidade, como ocorre no índice H. Além disso, o índice de Shannon deve ser utilizado para aplicações em que se tem um número grande de indivíduos e de espécies.

Caso se queira expressar o H' apenas em espécies, é possível utilizar o índice de espécie-equivalente SH', que é dado por $SH' = e^{H'}$ e representa o número de espécies esperado na comunidade, considerando-se que a equabilidade seja igual a 1 (máxima), isto é, que tenha a mesma abundância.

Por exemplo: se $H' = 3$, $SH' = 20$, o que significa que haveria 20 espécies na comunidade se todas tivessem a mesma abundância.

2.9.3 Índice de Simpson (D)

O índice de Simpson avalia a dominância. Assim, quanto mais elevado o valor do índice, maior a dominância de uma ou poucas espécies (Matos; Silva; Berbara, 1999). É dado pela fórmula:

$$D = \sum_{i=1}^{S} p_i^2$$

em que:

⊘ p_i = abundância relativa da espécie i na amostra = ni/N; ni = número de indivíduos da espécie i.

Se D exprime a dominância de determinada espécie, então, quanto maior o valor de D, menor será a diversidade biológica. A probabilidade de dois indivíduos retirados aleatoriamente de uma comunidade pertencerem à mesma espécie é expresso por D (Barros, 2007).

Diferentemente de Shannon, o índice D de Simpson expressa as espécies mais comuns e não deve ser aplicado em ambientes onde existam espécies raras, embora mostre a variação da distribuição de abundância.

Considera-se um fator positivo para esse índice o fato de uma amostragem pequena poder ser representativa.

2.9.4 Índice de Berger-Parker (d)

O índice de dominância d de Berger-Parker é um dos mais simples de calcular e de se entender intuitivamente. É dado pela fórmula matemática:

$$d = N_{max}/N$$

em que:

⊘ N_{max} = número de indivíduos da espécie abundante;

⊘ N = número total de indivíduos da comunidade.

O índice d, que indica proporcionalmente a importância da espécie mais abundante na comunidade, é indicado para comunidades constituídas por uma variedade superior a 15 espécies, a fim de não superestimar a espécie dominante.

Existem muitos outros índices de biodiversidade além dos apresentados aqui, e todos oferecem vantagens e desvantagens. A escolha de um ou de outro deve ser avaliada conforme os objetivos propostos.

2.10 Sistemas de informação geográfica aplicados à biodiversidade

Sistemas de informação geográfica (SIGs) vêm sendo utilizados não só para monitorar áreas ecológicas sensíveis, mas também para auxiliar na delimitação de áreas de abrangência de espécies com vistas à conservação e a estudos científicos (Oliveira et al., 2005; Silva; Santos; Silva, 2007).

Na aplicação de um SIG para a biodiversidade, utilizam-se imagens georreferenciadas tiradas de satélites, por meio dos quais é possível observar características peculiares do solo e do relevo com a utilização de sensores remotos, como micro-ondas e infravermelho.

Por meio de um SIG, é possível saber da presença de determinadas vegetações e conhecer previamente o comportamento de determinadas espécies, o que possibilita delimitar a área de residência delas. O SIG torna-se, assim, uma ferramenta de gestão de biodiversidade.

Diversidade biológica: impactos e índices

É comum, por exemplo, que grandes predadores tenham um campo de ação de grande distância e, para haver um correto manejo de sua conservação, é imprescindível a delimitação correta de sua área de circulação, visando evitar a perda de seu *habitat*.

Também com a ajuda de um SIG é possível fazer a sobreposição da residência de vários predadores e suas presas, especialmente quando se deseja criar unidades de conservação que atendam ao objetivo de manter a população desses animais.

O conhecimento da dispersão de espécies em um ecossistema também é de vital importância para o manejo de áreas de conservação.

A criação de espaços especialmente protegidos só é possível com uma investigação de todos os agentes envolvidos, o que compreende o tipo de vegetação, a disponibilidade de água e alimentos, as diversas espécies animais e vegetais, o tipo de solo e as fragilidades da área.

Uma forma de se avaliarem as melhores áreas de conservação para uma determinada espécie é inserir dados relativos ao seu comportamento no *habitat* natural, onde é normalmente encontrada, incluindo a proximidade de córregos e rios, a altitude, o alcance de sua territorialidade e, se for o caso, as condições ambientais favoráveis, o tipo de vegetação associada e os avistamentos, se disponíveis.

> **Para saber mais**
>
> Sobre o *status* de conservação e de distribuição espacial de espécies de aves, mamíferos e anfíbios, acesse (conteúdo em inglês):
>
> NATURESERVE. Disponível em: <http://www.natureserve.org>. Acesso em: 30 maio 2014.

Esses dados podem ser cruzados em matrizes de forma a localizar em um mapa os prováveis locais da incidência e do deslocamento da espécie, delimitando-se, assim, sua área de abrangência e, portanto, visualizando-se uma área prioritária para a conservação.

Modelos matemáticos aplicados à ecologia também são muito interessantes para a gestão da biodiversidade quando somados ao uso de um SIG, pois por meio deles é possível prever áreas potenciais a serem conservadas com vistas à proteção de espécies (Mathias; Coelho, 2013).

Os dados cruzados em matrizes podem ser trabalhados em um mapa temático onde é possível identificar as áreas de interesse, como a dispersão e a abundância de espécies. A Figura 2.4 ilustra a distribuição da ave choquinha-da-serra, indicando que a concentração dela não coincide com as unidades de proteção ambiental.

Figura 2.4 – Mapa temático sobre a distribuição da espécie de ave choquinha-da-serra (*Drymophila genei*) no Estado do Espírito Santo

Fonte: Adaptado de Mathias; Coelho, 2013.

Para saber mais

Sobre o monitoramento remoto na Amazônia Legal, acesse:

INPE. Instituto Nacional de Pesquisas Espaciais. Disponível em: <http://www.inpe.br>. Acesso em: 30 maio 2014.

A utilização de imagens e o sensoriamento remoto são ferramentas importantes, na medida em que é possível gerar classes de acordo com as distintas características, a fim de disciplinar o uso e a ocupação do solo e identificar áreas de interesse ecológico.

SIGs, também são utilizados como monitoramento de queimadas e desmatamentos, especialmente em grandes regiões, como

Diversidade biológica: impactos e índices

a Amazônia Legal (Figura 2.5, contida nos "Anexos"). O Instituto Nacional de Pesquisas Espaciais – Inpe, por exemplo, com seus dois programas de monitoramento, a saber, Programa de Cálculo do Desflorestamento da Amazônia – Prodes e Sistema de Detecção do Desmatamento em Tempo Real – Deter, mantêm satélites com sensores específicos que fiscalizam em tempo real as alterações na Amazônia.

Nota-se que, na Figura 2.5, a legenda do mapa apresenta os principais aspectos ambientais e as áreas de influência. A área tracejada no centro indica desmatamento.

Síntese

Muitas são as atividades humanas capazes de provocar danos aos ecossistemas e, consequentemente, à biodiversidade. A fragmentação dos *habitats* é apontada como um dos mais importantes fatores de diminuição da variabilidade genética, especialmente em virtude do efeito de borda. A contaminação do meio ambiente por substâncias poluentes também causa efeitos deletérios sobre a biodiversidade. Os índices apresentados são ferramentas para monitorar e avaliar os riscos sofridos pelas espécies em decorrência da interferência do homem e servem de referência para as tomadas de decisões no que concerne à gestão da diversidade biológica. Sistemas de informação geográfica (SIGs) são de suma importância na definição de ações para a conservação de áreas, pois identificam aquelas sensíveis e a distribuição das espécies na região de interesse, servindo como instrumento de gestão para a proteção da biodiversidade.

Questões para revisão

1. Como os índices de biodiversidade podem ajudar no gerenciamento dos recursos ambientais?

2. Por que o índice H' é muito utilizado pelos pesquisadores?

3. Escolha a opção que complete corretamente os espaços:

A _____ refere-se ao número de espécies em determinada área, enquanto a _____ é a densidade de determinada espécie em uma área.

a. Abundância – riqueza.

b. Extinção – abundância.

c. Riqueza – abundância.

d. Equitabilidade – abundância.

e. Riqueza – equitabilidade.

4. Qual dos índices abaixo não necessita de testes estatísticos para a interpretação dos resultados?

a. HB.

b. SH'.

c. H'.

d. Índice D.

e. J.

5. Considerando-se que em determinada área as espécies têm a mesma abundância, quantas espécies seriam esperadas se o H' fosse igual a 3,5?

a. 33.

b. 45.

c. 57.

d. 80.

e. Impossível calcular o número de espécies com esses dados.

Questões para reflexão

1. (Pref. Ibirité/MG, 2011) Quanto ao desenvolvimento sustentável, é CORRETO afirmar:

a. É uma política de defesa da fauna e da flora, por meio de leis ambientais severas para a preservação de espécies, sobretudo daquelas em processo de extinção.

Diversidade biológica: impactos e índices

b. É o processo em que se visa à preservação dos recursos naturais e dos ecossistemas, bem como o bem-estar e a melhoria da qualidade de vida da população do presente e do futuro.

c. O Novo Código Florestal, recentemente apresentado pelo relator Aldo Rebelo, propõe que a defesa dos mananciais hídricos e o fim das queimadas garantem, por si só, a sustentabilidade de uma economia desenvolvimentista.

d. A independência energética, propiciada pelo Pré-Sal, garante o desenvolvimento sustentável principalmente pelo uso inesgotável de energia de origem orgânica.

2. (Pref. Ibirité/MG, 2011) A respeito da Diversidade Biológica, estude as proposições abaixo e marque a alternativa CORRETA:

I. A diversidade das espécies tende a ser menor em regiões de baixas latitudes; porém é alta onde os habitats são homogêneos e a entrada de energia no sistema é menor.

II. A redução de área de habitats pode arrastar uma população em direção à extinção, tornando-a mais vulnerável às mudanças estocásticas no seu tamanho.

III. Numa escala regional, o número de espécies varia conforme a adequação das condições físicas, com a heterogeneidade de habitats, com o isolamento dos centros de dispersão e com a produtividade primária.

a. Todas as proposições estão corretas.

b. Somente a III está correta.

c. Somente II e III estão corretas.

d. Somente a I está correta.

3. (Cespe – 2010 – MPU) Marque CERTO ou ERRADO:

( ) A utilização de sistema de informação geográfica (SIG) em estudos de terreno permite hierarquizá-los quanto ao grau de risco de desmoronamento, mediante sobreposição de informações relativas a declividade, geomorfologia, geologia, solos e cobertura vegetal.

Capítulo 3

Gestão ambiental para a biodiversidade

Conteúdos do capítulo

- Década Internacional da Biodiversidade.
- Plano Estratégico para a Biodiversidade.
- Plano Diretor.
- Gestão da biodiversidade pelas empresas.
- Oportunidades de negócios.
- Economia × ecologia.
- Reuso da água.
- Redução da geração de resíduos.
- Redução de energia.
- Inovação.
- Avaliação de impactos ambientais.
- ISO 14000.
- Selos ecológicos.

Após o estudo deste capítulo, você será capaz de:

1. avaliar as iniciativas internacionais para a preservação e conservação da biodiversidade;
2. constatar os benefícios da implantação dos aspectos ambientais no gerenciamento das empresas;
3. verificar como as empresas podem utilizar ferramentas para a gestão da diversidade biológica e reduzir seus custos, aumentando sua credibilidade com o consumidor;
4. entender como a ISO 14000 pode ser aplicada como ferramenta de gestão da biodiversidade;
5. avaliar a aplicabilidade dos selos ecológicos na conservação da biodiversidade.

3.1 Gestão da biodiversidade

A gestão da biodiversidade está relacionada ao gerenciamento dos recursos ambientais de forma a garantir às futuras gerações acesso aos serviços ecológicos, referentes não só a alimentos e produtos medicinais, mas também a um meio ambiente equilibrado e sadio.

Compreende-se que a gestão da biodiversidade deve ser aplicada por todos os segmentos da sociedade, incluindo a iniciativa privada. Portanto, trata-se de um grande desafio para a geração atual.

3.2 Década Internacional da Biodiversidade

O evento internacional que ocorreu na cidade do Rio de Janeiro em 1992, denominado **Rio-92**, foi um marco na temática relacionada ao meio ambiente, sobretudo à biodiversidade. Afinal, em 22 de maio de 1992 foi aprovada a *Convention on Biological Diversity* – CBD (Convenção sobre Diversidade Biológica – CDB), que mais tarde foi assinada pela maioria dos países que participaram da Rio-92 e da Cúpula da Terra, realizada também nesse mesmo ano, entre 3 e 14 de junho.

Desde esse evento, 22 de maio ficou oficialmente marcado como o Dia Internacional da Biodiversidade, como forma de celebrar e lembrar a importância de preservar e conservar a biodiversidade do planeta (Figura 3.1). Instituído pela Organização das Nações Unidas – ONU, a data objetiva a conscientização das pessoas sobre a problemática mundial da diversidade biológica.

Gestão ambiental para a biodiversidade

Figura 3.1 – A diversidade biológica planetária

Crédito: Fotolia

Quase duas décadas mais tarde, a ONU lançou em Kanazawa, no Japão, o programa intitulado Década da Biodiversidade, que compreende os anos de 2011 até 2020, com o objetivo de implementar planos estratégicos para a preservação e conservação dos recursos biológicos, de forma a preparar os governos para enfrentar os desafios socioambientais que são esperados para esse período.

A principal ferramenta desse programa intitula-se *Plano Estratégico para a Biodiversidade 2011-2020* (CBD, 2014), examinado a seguir.

3.2.1 Plano Estratégico para a Biodiversidade

> **Para saber mais**
>
> **Para saber mais sobre a Década da Biodiversidade, acesse o** *site* **oficial do programa:**
>
> CBD – Convention On Biological Diversity. **United Nations Decade on Bioversity.** Disponível em: <http://www.cbd.int/2011-2020>. Acesso em: 29 maio 2014.
>
> **Assista ao vídeo sobre o Dia Internacional da Biodiversidade em:**
>
> BIOSFERATV. **Vídeo oficial Dia da Biodiversidade.** Campinas, 21 maio 2010. Disponível em: <http://www.youtube.com/watch?v=ccgBcOF_1Ws&feature=player_detailpage>. Acesso em: 30 maio 2014.

O Plano Estratégico para a Biodiversidade, instituído pela ONU, justifica-se em virtude do acelerado processo de degradação dos ecossistemas e da necessidade de orientar os governos sobre como manter e conservar sua diversidade biológica.

Lançado oficialmente na Rio+20, o plano tem como missão "tomar medidas eficazes e urgentes para travar a perda da biodiversidade, a fim de garantir que, até 2020, os ecossistemas continuem resistentes, fornecendo os serviços essenciais, garantindo assim a variedade do planeta e contribuindo para o bem-estar humano e a erradicação da pobreza" (ONU, 2012b).

O Plano Estratégico para a Biodiversidade apresenta cinco objetivos estratégicos (CBD, 2014, tradução nossa), que são:

a) tratar das causas fundamentais de perda da biodiversidade, abordando a questão com o governo e com a sociedade;

Gestão ambiental para a biodiversidade

b) reduzir as pressões diretas sobre a biodiversidade e promover o uso sustentável;

c) melhorar a situação da biodiversidade, protegendo ecossistemas, espécies e diversidade genética;

d) aumentar os benefícios da biodiversidade e dos serviços ecossistêmicos para todos;

e) aumentar a implementação por meio de planejamento participativo, gestão de conhecimento e capacitação.

> **Para saber mais**
>
> **Para conhecer as Metas de Aichi, acesse o *site* oficial do CBD:**
>
> CBD – Convention on Biological Diversity. Disponível em: <https://www.cbd.int/sp/targets>. Acesso em: 25 fev. 2014.
>
> Ou acesse a versão em português:
>
> BRASIL. Ministério do Meio Ambiente. **Metas de Aichi de Biodiversidade.** Disponível em: <http://www.mma.gov.br/estruturas/sbf2008_dcbio/_arquivos/metas_aichi_147.pdf>. Acesso em: 25 fev. 2014.

Para atingir esses objetivos, propõem-se 20 metas, conhecidas como **Metas de Aichi**, desenvolvidas pela 10ª Conferência das Partes da CBD, que é formada por 193 países e a União Europeia. Destaca-se que, apesar de terem sido fixadas datas para implementar ações de proteção e conservação da natureza, elas podem ser flexibilizadas de modo a atender às especificidades de cada país.

De modo geral, as metas tratam da saúde ambiental e humana, da alimentação e da conservação dos recursos naturais e devem ser atingidas até 2020.

Para alcançar os objetivos propostos no plano recomendam-se a recuperação dos ecossistemas, a utilização sustentável da biodiversidade, a implantação por parte dos governos de políticas ambientais que levem em conta a biodiversidade e seus serviços, o fornecimento de recursos financeiros para a conservação da diversidade biológica e a utilização de bases científicas para tomadas de decisões.

3.3 Plano Diretor

Os maiores conflitos relacionados à biodiversidade centram-se no uso e na ocupação do solo.

O fenômeno do urbanismo, ocorrido a partir dos anos 1950 no Brasil e em boa parte do mundo, acabou acarretando sérios problemas às cidades, que, despreparadas, cresceram desordenadamente, colocando em risco a sustentabilidade ecológica e seus serviços indispensáveis, como a disponibilidade de água para consumo humano.

A Política Urbana Brasileira, regulamentada pela Lei Federal n. 10.257, de 10 de julho de 2001 (Brasil, 2001), conhecida como **Estatuto da Cidade**, apresenta diversos instrumentos para a política urbana, especialmente os de cunho municipal.

Uma ferramenta indispensável para o ordenamento urbano e que pode ser utilizada também para a gestão ambiental é o Plano Diretor, o qual, conforme Ballão (2011, p. 234), "é uma lei municipal criada com a participação de todos, aprovada na Câmara Municipal, que organiza o crescimento e o funcionamento da cidade como um todo, tanto das áreas urbanas como das rurais. Esta lei deverá ser revista, pelo menos, a cada dez anos".

Você consegue imaginar uma cidade sem qualquer planejamento? Seria o caos, não é mesmo?

Mas, até o fim do século passado, era uma prática comum dar pouca importância ao planejamento urbano, razão pela qual muitas cidades cresceram e se tornaram metrópoles que enfrentam sérios problemas de ordenamento. Assim, há graves consequências para a saúde ambiental e a qualidade de vida das populações que as ocupam, como transporte público inadequado, disposição de lixo em locais impróprios, contaminação de mananciais e poluição de todo tipo.

A base do Plano Diretor é o planejamento, que deve ser estruturado em bases que atendam às necessidades da população e também dos ecossistemas envolvidos, de forma a atingir a sustentabilidade.

O art. 41 da Lei n. 10.257/2001 (Brasil, 2001) define a obrigatoriedade do Plano Diretor para as cidades:

> I – com mais de vinte mil habitantes;
>
> II – integrantes de regiões metropolitanas e aglomerações urbanas;

Gestão ambiental para a biodiversidade

III – onde o Poder Público municipal pretenda utilizar os instrumentos previstos no § 4º do art. 182 da Constituição Federal;

IV – integrantes de áreas de especial interesse turístico;

V – inseridas na área de influência de empreendimentos ou atividades com significativo impacto ambiental de âmbito regional ou nacional.

VI – incluídas no cadastro nacional de Municípios com áreas suscetíveis à ocorrência de deslizamentos de grande impacto, inundações bruscas ou processos geológicos ou hidrológicos correlatos. (Incluído pela Lei n. 12.608, de 2012.)

O Plano Diretor visa organizar a ocupação do solo de forma que as atividades humanas possam se desenvolver ordenadamente nas áreas do município, considerando desde a localização dos assentamentos populacionais e suas residências, hospitais, escolas, indústrias, comércios, até locais para a disposição adequada dos resíduos sólidos, parques, mananciais etc.

Os municípios que implantam um bom Plano Diretor conseguem planejar ações que diminuem os impactos humanos sobre o meio ambiente, contribuindo, desse modo, para a conservação da biodiversidade ao evitar, por exemplo, a ocupação de matas nativas e as áreas de preservação permanente – APPs nas margens de rios e mananciais, seja em razão do abastecimento público, seja por simples conservação paisagística.

Pense a respeito

Verifique se seu município tem Plano Diretor. Será que ele tem cumprido seu papel como ferramenta de ordenação de uso e ocupação do solo? O Plano Diretor tem atendido aos objetivos propostos quando aprovado pela Câmara de Vereadores?

3.4 Gestão da biodiversidade pelas empresas

As empresas têm grande responsabilidade social e ambiental no que concerne à proteção e à conservação da biodiversidade nos ecossistemas em que estão inseridas.

Oficialmente, as discussões em torno da biodiversidade, como a ocorrida na CBD, não definem os papéis ou as obrigações referentes ao setor privado quanto à biodiversidade, embora seja de vital importância o engajamento das empresas nos programas de proteção e conservação (CEBDS, 2012).

Os serviços ecossistêmicos – SEs, que englobam os diversos benefícios que os ecossistemas fornecem, como alimentação, disponibilidade de água, proteção contra erosão, controle do clima, proteção contra desabamentos, medicamentos etc., vêm aos poucos ganhando espaço nas decisões empresariais por parte dos *stakeholders*, entendidos aqui como planejadores estratégicos de negócios.

Uma pesquisa realizada pela Câmara Temática de Biodiversidade e Biotecnologia – CTBio, formada por empresas dos setores de óleo e gás, siderurgia, biotecnologia, papel e celulose, cosméticos, bebidas, químicos e agrícola, revelou que boa parte delas tem demonstrado interesse em discutir os SEs em seus planos de negócios. Em 2011, por exemplo, 67% das empresas entrevistadas discutiam o assunto, número que se manteve em 65% em 2012, ainda que apenas em torno de 50% tenham incluído os SEs nas discussões estratégicas da empresa, conforme demonstrado no Gráfico 3.1 (CEBDS, 2012).

Gráfico 3.1 – Integração dos SEs nas discussões estratégicas das empresas, segundo dados de pesquisa realizada em 2011 e 2012

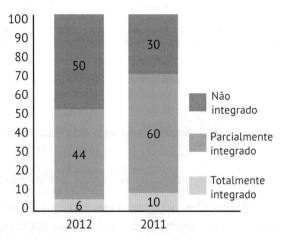

Fonte: CEBDS, 2012.

Gestão ambiental para a biodiversidade

Se inicialmente os projetos de conservação parecem uma despesa a mais para as corporações, eles podem, no entanto, transformar-se em oportunidades de negócios de desenvolvimento de produtos e serviços, mercado de carbono, melhora no *marketing* ambiental da empresa etc.

Além disso, outras oportunidades estão relacionadas aos aspectos gerenciais da corporação, tais como: garantia de licença de operação e de crescimento sustentável, fortalecimento da cadeia de suprimentos, atração de investidores socialmente responsáveis e melhoria na produtividade dos colaboradores (Eartwatch, 2002).

Nos dias de hoje, a inovação de produtos e serviços que incluam a variável ambiental tem chamado a atenção dos consumidores, que estão cada vez mais atentos ao apelo ambiental feito pela mídia, pela comunidade acadêmica e pelos ambientalistas.

Nessa visão de mercado, as empresas têm dois caminhos: ou enfrentar os riscos de engajamento nas questões ambientais e promover mudanças em produtos, serviços e processos, ou tentar sobreviver com uma concorrência que escuta o anseio pela manutenção da biodiversidade.

A gestão da biodiversidade pelas empresas é definida pelo Ministério Federal do Meio Ambiente, Proteção à Natureza e Segurança Nuclear – BMU (2010, p. 10) como a concepção metódica de processos, produtos e projetos para assegurar o êxito das empresas e, ao mesmo tempo, a proteção da biodiversidade. "Analisa-se sistematicamente o impacto das atividades das empresas sobre a biodiversidade, bem como suas condições estruturais e sociais de encontrar medidas estratégicas que levem ao desenvolvimento sustentável dos negócios e da sociedade" (BMU, 2010, p. 12).

São exemplos de algumas ações que sustentam a biodiversidade e que podem ser utilizadas pelas empresas: o reuso da água em suas plantas, a instalação de programas de redução da geração de resíduos, o tratamento e sua disposição final, a redução do gasto com energia, a implantação de sistemas de gestão ambiental e de segurança, as mudanças de processos, a concepção de produtos e projetos que considerem os aspectos ambientais e a inserção das questões socioambientais nas estratégias de negócios da corporação.

Para que isso aconteça, as empresas precisam traçar planos bem elaborados de ações para a biodiversidade, os quais incluam os diversos departamentos das empresas, respeitando suas atividades e seus campos de ação.

3.4.1 Plano de ações corporativas para a biodiversidade

Para haver sucesso na gestão da biodiversidade, é necessário que a alta gestão empresarial considere que o fator ambiental é estratégico para os negócios.

Nesse sentido, a gestão deve considerar, inicialmente, os departamentos das empresas que são responsáveis por aquisições, produção, *marketing*, vendas e distribuição, pesquisa e desenvolvimento e recursos humanos e seus respectivos campos de ação: locais e instalações; cadeias de abastecimento; produto; produção e processos; transporte e logística. Além disso, deve avaliar como essas ações se tornam fatores de impacto sobre a biodiversidade, tais como mudança de *habitat*, poluição, mudanças climáticas, espécies invasoras e exploração indiscriminada. Finalmente, após visualizar esse panorama, é possível determinar as reais possibilidades de negócios, ou *business case*, que resultam em uma mudança de gestão: custos, reputação e valor da marca, vendas e preços, mitigação de riscos, inovação e modelo de negócios (BMU, 2010). A Figura 3.2 sumariza a gestão da biodiversidade pelas empresas.

Gestão ambiental para a biodiversidade

Figura 3.2 – Fluxograma da gestão da biodiversidade pelas empresas

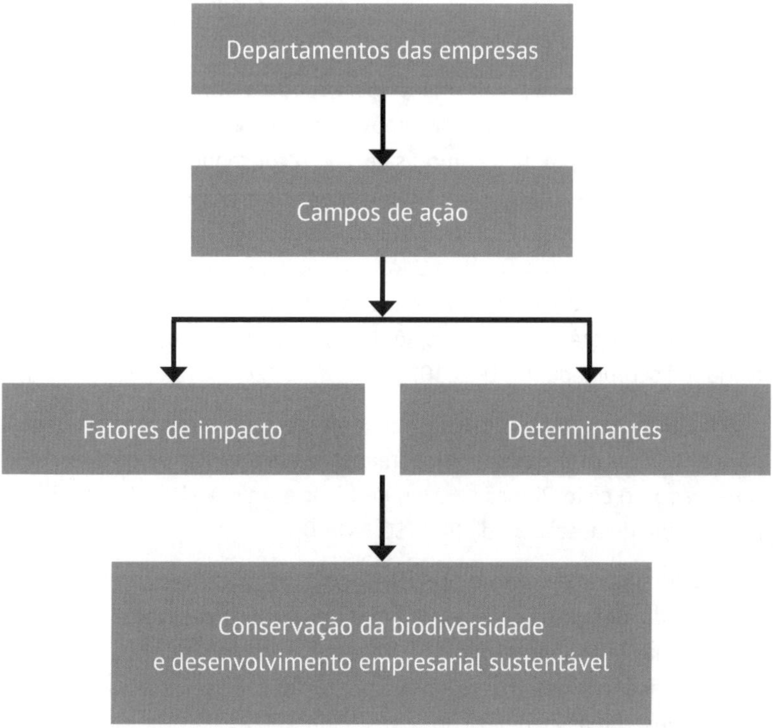

Departamentos das empresas

Campos de ação

Fatores de impacto

Determinantes

Conservação da biodiversidade
e desenvolvimento empresarial sustentável

Fonte: Adaptado de BMU, 2010.

Os campos de ação dos departamentos são os que efetivamente podem influenciar os impactos ambientais da empresa, sendo relevante a adoção de um programa de avaliação de impactos ambientais.

As matérias-primas, como minérios, produtos agropecuários, peixes, madeiras, plantas medicinais e insumos alimentícios, quase sempre se localizam distante da planta da empresa e, como consequência, sua extração impacta áreas distintas, o que significa, em termos gerais, que indiretamente a corporação é responsável pelos impactos ambientais ainda que adquiridos de terceiros. Desse modo, uma mudança estratégica na gestão da cadeia de abastecimento pode favorecer a biodiversidade, cabendo à empresa monitorar sua exploração de recurso, de modo a evitar que se torne indiscriminada (BMU, 2010).

A análise dos campos de ação, que remete à formulação de estratégias para o *business case*, deve ser fundamentada em um ciclo de gestão, como o baseado no ciclo Planejar, Fazer, Verificar e Agir – PDCA, preconizado pela norma de gestão ambiental ISO 14000.

Isso significa dizer que é preciso identificar os campos de ação para, em seguida, definir os objetivos a fim de planejar processos e atividades e selecionar indicadores; depois é necessário implementar os planos de ação, verificar o sucesso dessa implementação e, ao se detectarem inconformidades, tomar medidas corretivas (Figura 3.3).

Figura 3.3 — Plano estratégico de ação baseado no ciclo PDCA

Reitera-se que as empresas devem definir os objetivos da gestão da biodiversidade considerando todos os departamentos da corporação, que vão da aquisição dos insumos, venda e distribuição, pesquisa e desenvolvimento aos diversos recursos humanos existentes.

Como mencionado anteriormente, os campos de ação das empresas são os responsáveis pelos impactos diretos e indiretos sobre a biodiversidade. A Tabela 3.1 mostra alguns impactos decorrentes dos campos de ação.

Tabela 3.1 – Campos de ação e impactos ambientais

Campos de ação/ impactos	Transformação do *habitat*	Mudanças climáticas	Espécies invasoras (Neobiota)	Exploração indiscriminada	Poluição
Cadeias de abastecimento	Espaço necessário para a produção.	Demanda por energia e emissão de CO_2.	Cultivo de recursos não nativos.	Pesca. Monocultura.	Fertilização excessiva. Resíduos.
Produto		Pode haver presença de substâncias causadoras do aquecimento global.	Concepção do produto pode provocar a disseminação de espécies invasoras.		Uso do produto pode provocar poluição sonora, substâncias perigosas ou resíduo não reciclável.
Transporte e logística	Espaço necessário para estradas e armazenagem; pode cruzar com rotas migratórias.	Emissão de gases do efeito estufa.	Disseminação de espécies invasoras em decorrência do transporte.		Resíduos e poluição atmosférica.

Fonte: Adaptado de BMU, 2010, p 29.

Uma vez identificados os impactos, é preciso adotar medidas que atenuem ou mitiguem essas alterações no ambiente, como utilizar produtos biodegradáveis; adquirir produtos de fontes sustentáveis, por exemplo, peixes criados em reservatórios de produção sustentável; alterar processos para diminuir a liberação de gases tóxicos para a atmosfera e/ou implantar equipamentos filtrantes como chaminés e torres eletrostáticas; instalar equipamentos de tratamentos de efluentes que utilizem tecnologias capazes de remover as substâncias que são persistentes no ambiente; realizar traçados para o transporte logístico que evite passar por áreas ecológicas

Gestão ambiental para a biodiversidade

sensíveis; implantar programas de gestão de resíduos sólidos e de logística reversa para recolher o produto após o uso pelos consumidores.

Existem disponíveis algumas ferramentas ou métodos para a gestão ambiental nas empresas no que concerne à conservação da biodiversidade, os quais consideram o ciclo de gestão, tais como auditorias, *checklist*, análise de eficiência, rotulagem ecológica, contabilidade ambiental, certificação da cadeia de custódia, análise de cenários, gestão da cadeia de abastecimento ecológica, análise SWOT[1] e estudo de impacto ambiental (BMU, 2010; Eartwatch, 2002).

3.4.2 *Business case para a biodiversidade*

Os *business cases* são estratégias ou, basicamente, planos de negócios. No plano de ações das empresas para a gestão da biodiversidade, é necessário que se considerem os determinantes associados à variante ambiental, pois podem levar ao *business case*.

Em relação à biodiversidade, destacam-se as estratégias para cortar custos, como a aplicação de metas decorrentes do uso de um sistema de gestão ambiental (redução de matéria-prima, desperdício de uso de água e de energia elétrica); a prática de vendas e de preços do produto de acordo com a aceitabilidade dos consumidores; a mitigação de riscos associada à exploração de recursos; a reputação da marca, uma vez que a população demonstra interesse pelas causas socioambientais e pode ser fator importante para o consumidor escolher determinado produto; a inovação, pois desperta curiosidade no consumidor, como a praticada pelas indústrias farmacêutica e cosmética, que praticamente induzem o consumidor à compra pelo fator *novidade*, ou em razão do uso de materiais naturais em sua composição; a alteração de modelo de negócios, como empresas de turismo que desenvolvem pacotes de ecoturismo e/ou de aventura.

É recomendável que sejam criadas matrizes considerando-se os diversos setores da empresa, de modo a deixar claras as ações que cada um pode tomar para que a biodiversidade seja mantida, ao mesmo tempo que se reflete nos lucros da empresa. Será necessário identificar na matriz se o

---

1 Ferramenta administrativa utilizada para avaliar os diferentes cenários durante a elaboração de planos e projetos.

lucro aumentou ou depreciou quando submetido aos critérios da conservação ambiental. Ressalta-se, entretanto, que muitas vezes os ganhos relativos à biodiversidade estão implícitos na melhoria da imagem para a sociedade, o que pode, até mesmo, refletir na bolsa de valores.

No Brasil e no mundo, muitas empresas se destacam no quesito *biodiversidade*. A seguir, são apresentados alguns breves estudos de caso, conforme CEBDS (2012), BMU (2010) e Silva, Rodrigues e Miceli (2014):

- Shell: Utiliza estratégia intitulada *no-go*, segundo a qual não explora ou desenvolve atividades relacionadas a óleo e gás em áreas consideradas patrimônio da humanidade.

- British Petroleum (BP): Avalia todas as variáveis ambientais e os impactos diretos e indiretos de suas atividades em relação à biodiversidade, além de apoiar projetos de conservação.

- Petrobras: Adota, desde 2006, o Padrão Corporativo de Gestão de Impactos Potenciais na Biodiversidade e, assim, avalia os impactos e a recuperação de ecossistemas afetados. Além disso, promove diversos projetos de conservação e preservação.

- Sainsbury (rede britânica de supermercados): Adota um sistema de gestão que assegura menor impacto de produção em seus produtos vendidos e mantém fazendas próprias de produtos orgânicos.

- Starbucks (rede de cafeterias): Só compra grãos de café de fornecedores que praticam boas práticas agrícolas, o que implica respeitar os padrões socioambientais.

- Companhia Vale do Rio Doce (CVRD): Adquiriu cerca de 400 mil hectares de áreas de proteção ambiental e desenvolveu planos de manejos para elas.

- Toyota do Brasil: Destaca-se em projetos ambientais, como o Projeto Toyota e a Mata Atlântica e o Toyota APA Costa dos Corais, cuja finalidade é a preservação de corais, a proteção dos manguezais e de seus ecossistemas associados.

- Deutsche See (empresa de pescado): Exige que seus fornecedores empreguem métodos sustentáveis de pesca.

- Klabin: Realiza o padrão mosaico de manejo de suas florestas, que consiste em intercalar novas plantações de mudas com florestas

Gestão ambiental para a biodiversidade

preservadas, contribuindo para o desenvolvimento de corredores ecológicos e favorecendo o equilíbrio ambiental.

- ⊘ Weleda (empresa de medicamentos e cosméticos): Utiliza matérias-primas de origem orgânica controlada e certificada e também promove a preservação de *habitats* naturais.

- ⊘ Grupo Otto: Promove a linha de produção sustentável de algodão na África e somente utiliza madeira de procedência legal de espécies que não estejam em extinção.

- ⊘ Faber-Castell: Somente utiliza matérias-primas oriundas de florestas certificadas e utiliza vernizes à base d'água.

- ⊘ Audi: Recicla cerca de 96% da água de que necessita, coleta água da chuva em cisternas e vem reduzindo o uso da água na produção de veículos.

- ⊘ Natura: Desenvolveu uma linha de cosméticos baseada somente em espécies nativas colhidas de forma sustentável por comunidades locais.

- ⊘ Native Organics (produtora de açúcar orgânico): Desenvolveu um sistema de produção baseado na colheita ecológica da cana-de-açúcar, o que aumentou em 23 vezes as espécies quando comparado ao sistema tradicional.

- ⊘ Ritter Sport: Mantém programas de plantação mista de cacau em florestas, de forma a remunerar os pequenos agricultores, evitando a destruição das florestas para o plantio.

- ⊘ Sekisui House (especializada em jardinagem): Dá prioridade para espécies de árvores nativas com o intuito de atrair a fauna local, objetivando criar pequenos ecossistemas.

Nota-se que diversas empresas, sobretudo as maiores, têm modificado seus processos e produtos finais para melhorar a qualidade ambiental e, com isso, ajudar a conservar a diversidade biológica. Contudo, verifica-se que a maioria das empresas parece ainda carecer de iniciativas e ações do Poder Público para um real engajamento nas questões ambientais, ainda que isso signifique sua sobrevivência no mercado.

Além disso, muitas ainda desenvolvem ações de sustentabilidade fora de seu campo de ação, com a criação de reservas particulares de áreas para conservação ou programas e projetos de inclusão social, entre outros, sem, no entanto, alterar seus processos produtivos e a sua cadeia de abastecimento. Então, de pouco adianta, por exemplo, uma rede de supermercado comprar áreas para preservação ambiental se vende produtos de origem transgênica, ou produtos originários de países em que há trabalho infantil ou mão de obra suspeitamente escrava, ou produtos feitos de materiais com tinta tóxica, ou carne de procedência duvidosa, ou hortifrutos com resíduos de agrotóxicos, entre outros. São exemplos também as corporações de refinarias de petróleo que gastam milhões de dólares em propaganda sobre suas poucas ações de proteção e conservação ambiental, mas não realizam manutenção preventiva em suas instalações e, em decorrência disso, rotineiramente ocorrem vazamentos e acidentes como derramamento de óleo bruto ou de substâncias refinadas, contaminando sobremaneira o ambiente com prejuízos para a flora e a fauna.

> **Para saber mais**
>
> O Índice Dow Jones de Sustentabilidade – DJSI tem uma cláusula específica sobre biodiversidade para a indústria energética, de construção e mineração, comprometendo essas tipologias a adotar políticas corporativas de biodiversidade e avaliação de impactos ambientais nas áreas de extração (CEBDS, 2012).
>
> Para aprofundar seus conhecimentos sobre o tema, acesse:
>
> DOW JONES SUSTAINABILITY INDICES. Disponível em: <http://www.sustainability-indices.com>. Acesso em: 25 jun. 2014.

A verdadeira gestão ambiental tem de ser feita dentro do pátio da empresa. Ações paliativas, na verdade um engodo de *marketing* ambiental, não refletem a real postura ambiental de diversas empresas no mundo.

3.5 Avaliação de impactos ambientais

A Avaliação de Impacto Ambiental – AIA é um instrumento da Política Nacional de Meio Ambiente, segundo a Lei n. 6.938, de 31 de agosto de 1981 (Brasil, 1981). Portanto, no que concerne à biodiversidade, a AIA é tão imprescindível para a implantação e a operação de empreendimentos quanto o próprio licenciamento ambiental.

Para avaliar um impacto ambiental relativo a um dado empreendimento, realiza-se

Gestão ambiental para a biodiversidade

um Estudo de Impacto Ambiental – EIA, que tem caráter obrigatório para a instalação e a operação de obra ou atividade potencialmente causadora de alterações ambientais (Silva, 2011).

Na AIA, deve-se considerar diversos aspectos ambientais e ecológicos para a escolha do local de implantação e operação do empreendimento (comercial, industrial e até residencial).

As atividades iniciam-se por meio de um diagnóstico ambiental da área para a escolha do local. É importante reiterar que, conforme já visto em capítulos anteriores, a presença de espécies endêmicas pode ser fator limitante para a implantação de uma atividade antrópica. É de se esperar, portanto, que a escolha do local de instalação ocorra de forma a minimizar os danos à biodiversidade, considerando-se a flora e a fauna.

Para tanto, é concebível a realização de matrizes em que constem alternativas de projetos e processos em diversas áreas, respeitando-se o Plano Diretor do município. Existem diversas técnicas e métodos de EIA que auxiliam o gestor a escolher a melhor opção de projeto, com o objetivo de diminuir os impactos sobre a biodiversidade. Por exemplo, se em uma área for preciso fazer a remoção de mata nativa, é conveniente optar por outra, que exija menos alterações na paisagem. Há de se evitar também a escolha de áreas alagadas ou pantanosas se a construção e o processo exigirem áreas secas, pois elas precisarão ser drenadas, o que resultará em destruição do ecossistema.

Deve-se considerar ainda a concepção do produto ou serviço, pois a intensidade do impacto poderá ser maior ou menor para a biodiversidade. Segundo o BMU (2010), é possível diminuir os impactos negativos recorrendo-se à redução do uso ou à reciclagem da matéria-prima empregada na produção ou por meio da utilização de substâncias biodegradáveis, em substituição ao fosfato, na produção de detergente, por exemplo.

É possível também agregar ao projeto efeitos positivos para a biodiversidade, utilizando-se matérias-primas locais, o que favorece a mão de obra e a geração de renda de trabalhadores oriundos da área afetada, ou ainda, dependendo do produto, é recomendável o uso de espécies nativas, inserindo-se subprojetos de conservação e manejo sustentável para a comunidade no contexto global do projeto, incluindo aí uma gestão socioambiental.

Cabe também destacar a logística de transporte e, nesse caso, novamente entra a necessidade de traçar matrizes com várias alternativas. As áreas de interesse têm sistema viário? Qual é o melhor traçado para o recebimento da matéria-prima e o fluxo de transporte dos produtos? Será necessário abrir e pavimentar estradas para o escoamento dos materiais? Se sim, quais serão os impactos diretos e indiretos sobre a biodiversidade? O transporte passará por alguma área ambientalmente protegida, sensível ou prioritária para a conservação?

Esse método de *checklist*, apesar de simplista, pode fazer toda a diferença sobre as magnitudes dos impactos no sistema biológico.

Essas estratégias para as escolhas de áreas com menor impacto sobre a biodiversidade – matérias-primas e insumos, transporte, produção e desenvolvimento de subprojetos de conservação – só serão possíveis se houver uma avaliação de impactos que considere diversas alternativas de projetos e processos. Assim, não adianta ponderar somente a parte econômica, mas também o *marketing* ambiental que a empresa pode atingir, pois a comunidade deve participar do processo para que a corporação consiga alcançar a sustentabilidade.

Essa prática de gestão de biodiversidade, a qual consiste em avaliar os impactos e buscar soluções de projetos, pode facilitar a obtenção do licenciamento ambiental, uma vez que as políticas públicas ambientais têm se preocupado muito com a pressão sobre a diversidade biológica em virtude das atividades econômicas.

3.6 A série de normas ISO 14000

Você talvez já tenha ouvido o termo *reengenharia de processos e sistemas*, muito utilizado na década de 1990 para se referir à necessidade de inserir a variável ambiental nos processos, sobretudo, industriais.

Nessa mesma década, havia uma série de normas denominadas *ISO 9000*, cuja preocupação era a qualidade total e que fez muito sucesso por incorporar ações planejadas para atingir a qualidade de produtos e serviços.

Gestão ambiental para a biodiversidade

Em função da necessidade de proteger o meio ambiente em virtude do descarte de milhares de substâncias poluentes e ações por parte do comércio e da indústria que comprometiam a qualidade ambiental, a Organização Internacional para Normalização – ISO, que tem sede em Genebra, na Suíça, elaborou uma série de normas a fim de atender à demanda ambiental das corporações, as chamadas *normas ISO 14000*.

Essa série de normas atende às questões ambientais das corporações no que concerne aos seguintes tópicos: sistema de gestão ambiental (SGA), auditoria ambiental, avaliação do desempenho ambiental, rotulagem ambiental, análise do ciclo de vida e aspectos ambientais em normas de produtos.

No Brasil, essas normas são editadas pela Associação Brasileira de Normas Técnicas – ABNT, usando-se o rótulo *NBR* antes da numeração das referidas normas, de modo a indicar que cada qual passou pela avaliação e validação da entidade.

Uma empresa que implanta um SGA ganha mais notoriedade na sociedade, pois indica que se preocupa com as questões ambientais e sociais, uma vez que a certificação lhe confere a segurança de que está cumprindo os requisitos legais ambientais e de que monitora seus processos para evitar acidentes ou minimizar os possíveis danos ao meio ambiente.

As normas ISO 14000 são uma poderosa ferramenta de gestão ambiental. Portanto, cabe a pergunta: que benefícios elas trazem à biodiversidade?

São vários os benefícios para o meio ambiente e, por conseguinte, para a biodiversidade, tais como:

- as normas podem ser utilizadas por empresas de qualquer tipologia ou tamanho;
- elas envolvem a alta gestão da empresa no comprometimento das questões ambientais e de segurança;
- diminuem os impactos diretos e indiretos sobre o meio ambiente decorrentes das atividades da empresa;
- levam a empresa a traçar metas de redução dos insumos e desperdícios na fabricação de produtos e/ou serviços;
- inserem no contexto do sistema de gestão as empresas terceirizadas que prestam serviços à empresa certificada;

- proporcionam o gerenciamento adequado dos resíduos líquidos e sólidos;

- exigem que a empresa realize a disposição final de seus resíduos de forma a minimizar os impactos sobre o meio ambiente e a saúde pública;

- obrigam o monitoramento da aplicação de todas as legislações ambientais das esferas municipal, estadual e federal;

- proporcionam o cumprimento das normas técnicas de fabricação de produtos e/ou serviços e das normas de segurança;

- consideram no SGA não somente o pátio onde a empresa está instalada, mas também o entorno, promovendo integração socioambiental entre a corporação e a comunidade;

- estimulam o desenvolvimento de ações socioambientais;

- exigem que a empresa passe por auditorias periódicas para verificar e corrigir erros e realizar os ajustes necessários;

- determinam o monitoramento constante do desempenho ambiental da empresa, com ciência da alta direção.

A certificação do SGA é feita por empresa idônea e devidamente legalizada, que confere o certificado somente após uma auditoria rígida durante a qual são auditados todos os aspectos ambientais e requisitos legais da empresa.

A adoção de um SGA é voluntária, cabendo à própria empresa a definição dos objetivos e das metas para seu desempenho ambiental. Portanto, trata-se de um melhoramento contínuo de processos, produtos e serviços, com foco nos aspectos ambientais.

Exemplo disso é o fato de que parte das empresas que buscam essa certificação adquire produtos e insumos de origem ecologicamente correta, como os que contêm os selos ecológicos (por exemplo, "madeira de reflorestamento), de forma a amenizar impactos sobre a biodiversidade.

Algumas metas traçadas por essas empresas incluem a redução do consumo de água e energia, além da incorporação em suas plantas de sistemas de reuso da água, troca de lâmpadas e equipamentos de baixo consumo de energia elétrica, bem como a renovação da frota de veículos, dando prioridade aos que poluem menos.

Gestão ambiental para a biodiversidade

O resultado da implantação de um SGA por qualquer empresa está no maior poder competitivo no mercado, no destaque perante a sociedade, no *marketing* ambiental e na proteção do meio ambiente.

3.6.1 Selos ecológicos

A rotulagem ambiental, comumente chamada de *selo ecológico*, ou *selo verde*, é uma prática desde os anos 1990. Nessa época, entretanto, não seguia critérios técnicos efetivos, o que levava as empresas a recorrer a qualquer tipo de informação que diferenciasse seu produto dos demais, induzindo o consumidor a acreditar que ele era ecologicamente correto.

Ela baseia-se em atribuir um rótulo ao produto, serviço, tecnologia ou a qualquer aplicação em que se considere o aspecto ambiental como fator importante no processo. No entanto, como havia certa confusão no mercado consumidor em razão da presença de tantos selos e rótulos, publicou-se a norma ISO 14020 para normatizar a rotulagem ecológica (Preussler et al., 2006).

> **Perguntas & respostas**
>
> **Qual é a importância da rotulagem ambiental para a gestão da biodiversidade?**
>
> A rotulagem ambiental, como ferramenta para a gestão da biodiversidade, é importante porque os consumidores podem optar por utilizar produtos ou serviços que respeitem o meio ambiente, causando menor impacto durante a produção, o transporte e o descarte, isto é, durante seu ciclo de vida.

Basicamente, os rótulos ecológicos servem de ferramenta para a gestão ambiental; assim, as empresas trabalham seus produtos e serviços de forma a não agredir o meio ambiente e divulgam as informações nos rótulos, deixando claro que o processo, a matéria-prima ou mesmo o produto não acarretam perigo aos ecossistemas. São exemplos desses produtos os biodegradáveis, os que utilizam práticas sustentáveis, os que consomem menor quantidade de energia elétrica, entre outros.

A base da rotulagem ambiental preconizada pela ISO 14020 é a Análise de Ciclo de Vida – ACV, ou avaliação do berço ao túmulo, que se refere à análise dos impactos ambientais de um produto durante toda a sua vida, desde o momento em que é planejado, extraído ou produzido, passando por sua exposição e uso, até ser descartado como resíduo.

Divide-se a rotulagem em três tipos:

I. a ACV padronizada no processo, serviço ou produto (ISO 14024);

II. os produtos, processos ou serviços que não realizam a ACV (ISO 14021);

III. os produtos, processos ou serviços que padronizam e certificam a ACV (ISO 14025).

Os princípios da rotulagem ambiental, que visam assegurar a transparência, a credibilidade e a relevância ambiental, são estabelecidos na ISO 14020 (ABNT, 2002):

⊘ Os rótulos e/ou declarações ambientais devem ser precisos, verificáveis, relevantes e, principalmente, não enganosos.

⊘ Os procedimentos e requisitos para a rotulagem e as declarações ambientais não devem ser elaborados para criar obstáculos ao comércio internacional.

⊘ Rótulos e declarações ambientais devem basear-se em metodologia científica.

⊘ As informações referentes aos procedimentos, às metodologias e a quaisquer critérios usados para dar suporte a rótulos e declarações ambientais devem estar disponíveis aos interessados.

⊘ O desenvolvimento de rótulos e declarações ambientais deve considerar todos os aspectos relevantes do ciclo de vida do produto.

⊘ Os rótulos e as declarações ambientais não devem inibir inovações que mantenham ou tenham o potencial de melhorar o desempenho ambiental.

⊘ Quaisquer requisitos administrativos ou demandas de informações relacionadas a rótulos e declarações ambientais devem se restringir aos critérios e às normas técnicas para eles.

⊘ O processo de desenvolvimento de rótulos e declarações ambientais deve incluir uma consulta pública às partes interessadas.

⊘ As informações sobre os aspectos ambientais dos produtos e serviços relevantes a um rótulo ou declaração ambiental devem ficar disponíveis aos interessados.

Gestão ambiental para a biodiversidade

Para conseguir o selo verde, um produto ou serviço precisa passar por uma certificação feita por uma empresa idônea, à qual caberá considerar de que tipo será seu certificado (I, II ou III). De maneira geral, os produtos que recebem a certificação se destacam no mercado (*marketing* ambiental) e são muito bem vistos pela sociedade, o que, em muitos casos, facilita sua inserção no mercado exterior.

Síntese

A Década Internacional da Biodiversidade é uma iniciativa internacional para tentar barrar a perda de biodiversidade nas diversas regiões do mundo, bem como a recuperação das espécies por meio das estratégias e metas elaboradas para esse fim. No Brasil, o Plano Diretor é uma ferramenta de gestão que define as prioridades da Administração Pública sobre o uso e ocupação do solo. Muitas empresas têm observado em sua gestão os aspectos ambientais, contribuindo para a manutenção da diversidade biológica, tais como a mudança de processos e produtos. Sistemas de gestão ambiental da série de normas ISO 14000 têm sido aplicados com sucesso por muitas empresas para melhorar sua representatividade no mercado, contribuindo para a conservação ambiental. Os selos verdes são certificados atribuídos por agências especializadas aos produtos que consideram a proteção e conservação ambiental em seu processo produtivo.

Questões para revisão

1. Explique quais benefícios as empresas ganham ao inserir a biodiversidade em sua gestão.

2. Explique a importância da Avaliação de Impactos Ambientais – AIA para a gestão da biodiversidade.

3. Sobre a biodiversidade, avalie as proposições:

    I. O Dia Internacional da Biodiversidade é comemorado em 22 de junho.

    II. A Década da Biodiversidade compreende os anos de 2011 até 2020.

III. O Plano Estratégico para a Biodiversidade tem 20 objetivos estratégicos.

Está(ão) correta(s):

a. somente a opção I.

b. somente a opção II.

c. somente a opção III.

d. somente as opções I e II.

e. somente as opções I e III.

4. Assinale a alternativa **incorreta**:

a. No Brasil, o fenômeno do urbanismo, ou êxodo rural, intensificou-se após meados do século XX.

b. O Plano Diretor é obrigatório para cidades com número inferior a 20 mil habitantes.

c. O Plano Diretor deve ser revisto a cada dez anos.

d. A falta de planejamento urbano tem levado à perda de qualidade ambiental e à consequente perda de qualidade de vida dos munícipes.

e. Atualmente as empresas têm inserido o tema *conservação ambiental* como papel estratégico em seus negócios.

5. Marque V (verdadeiro) ou F (falso) e assinale em seguida a alternativa correta:

( ) A série de normas ISO 14000 é obrigatória para indústrias de petróleo.

( ) Produtos de origem orgânica não precisam utilizar-se de selos ecológicos, pois têm procedência ambientalmente correta.

( ) A norma ISO 14020 normatiza a rotulagem ambiental.

a. V, V, V.

b. V, V, F.

c. V, F, F.

d. F, F, F.

e. F, F, V.

Gestão ambiental para a biodiversidade

Questões para reflexão

1. (Fundepes – 2013 – Pref. Municipal de Santana do Ipanema) A série ISO 14000 é um grupo de normas que fornece ferramentas e estabelece um padrão de Sistemas de Gestão Ambiental. Essa norma foi desenvolvida baseada na metodologia:

   a. DMAIC.

   b. PDCA.

   c. SWOT.

   d. FOFI.

   e. BPM.

2. (Fundepes – 2013 – Pref. Municipal de Santana do Ipanema) A Avaliação do Ciclo de Vida (ACV), ou "análise ambiental do ciclo de vida", é uma técnica que permite a quantificação das emissões ambientais ou a análise do impacto ambiental de um produto, sistema ou processo. Qual a opção que melhor apresenta a estrutura sequenciada das etapas de uma ACV?

   a. Definição dos objetivos e âmbito, análise de inventário, análise de impactos e interpretação.

   b. Análise de inventário, definição dos objetivos e âmbito, interpretação e análise de impactos.

   c. Definição dos objetivos e âmbito, análise de impactos, análise de inventário e interpretação.

   d. Definição dos objetivos e âmbito, interpretação, análise de inventário e análise de impactos.

   e. Análise de impactos, definição dos objetivos e âmbito, análise de inventário e interpretação.

3. (Cespe – 2010 – MPU) Marque CERTO ou ERRADO.

   ( ) A elaboração do Plano Diretor de ordenamento territorial é de competência dos estados, que o faz com a participação dos municípios e o aprova por meio de lei estadual. Contudo, cada município é responsável pela execução do Plano em seu território.

Capítulo 4

Sistema Nacional de Unidades de Conservação da Natureza

Conteúdos do capítulo

- A criação do Sistema Nacional de Unidades de Conservação da Natureza – Snuc.
- Tipos de unidades de conservação.
- Os corredores ecológicos e o mosaico.

Após o estudo deste capítulo, você será capaz de:

1. avaliar os tipos de unidades de conservação existentes no Brasil;
2. compreender a legislação sobre a criação de unidades de conservação da natureza;
3. verificar em quais tipos de unidades de conservação é permitida a visitação pública;
4. verificar em que tipos de unidades de conservação é permitido haver áreas privadas;
5. entender como evitar a perda da diversidade genética com a implantação dos corredores ecológicos.

A Constituição Federal de 1988 garante o meio ambiente ecologicamente equilibrado visando à manutenção da vida (art. 225). No entanto, na prática se observam diversos abusos contra o meio ambiente, o que coloca em risco a existência de muitas espécies.

Para garantir esse direito constitucional, instituiu-se, em 2000, o **Sistema Nacional de Unidades de Conservação da Natureza – Snuc**, com a edição da Lei n. 9.985 (Brasil, 2000).

O Snuc tem uma gestão descentralizada, de modo a permitir o gerenciamento das **unidades de conservação – UCs** com a participação da sociedade. Conforme a Lei n. 9.985/2000, art 2°, inciso I, entende-se por *unidade de conservação*:

> espaço territorial e seus recursos ambientais, incluindo as águas jurisdicionais, com características naturais relevantes, legalmente instituído pelo Poder Público, com objetivos de conservação e limites definidos, sob regime especial de administração, ao qual se aplicam garantias adequadas de proteção. (Brasil, 2000)

Com a criação do Snuc, houve um agrupamento das áreas de conservação das esferas federal, estadual e municipal em uma mesma categoria, facilitando a gestão conjunta e melhorando sua administração (Rodrigues, 2013).

Além disso, a lei prevê a consulta à sociedade civil, sobretudo às pessoas que se localizam no entorno ou até mesmo dentro das áreas de interesse de criação das UCs, como forma de envolver toda a comunidade para o sucesso e a manutenção em longo prazo da unidade.

> **Para saber mais**
>
> **Para saber mais sobre o Snuc, acesse:**
>
> BRASIL. Lei n. 9.985, de 18 de julho de 2000. **Diário Oficial da União**, Poder Legislativo, Brasília, DF, 19 jul. 2000. Disponível em: <http://www.planalto.gov.br/ccivil_03/leis/l9985.htm>. Acesso em: 20 jan. 2014.

Os objetivos do Snuc são, conforme o art. 4° da Lei n. 9.985/2000:

> I – contribuir para a manutenção da diversidade biológica e dos recursos genéticos no território nacional e nas águas jurisdicionais;

Sistema Nacional de Unidades de Conservação da Natureza

II – proteger as espécies ameaçadas de extinção no âmbito regional e nacional;

III – contribuir para a preservação e a restauração da diversidade de ecossistemas naturais;

IV – promover o desenvolvimento sustentável a partir dos recursos naturais;

V – promover a utilização dos princípios e práticas de conservação da natureza no processo de desenvolvimento;

VI – proteger paisagens naturais e pouco alteradas de notável beleza cênica;

VII – proteger as características relevantes de natureza geológica, geomorfológica, espeleológica, arqueológica, paleontológica e cultural;

VIII – proteger e recuperar recursos hídricos e edáficos;

IX – recuperar ou restaurar ecossistemas degradados;

X – proporcionar meios e incentivos para atividades de pesquisa científica, estudos e monitoramento ambiental;

XI – valorizar econômica e socialmente a diversidade biológica;

XII – favorecer condições e promover a educação e interpretação ambiental, a recreação em contato com a natureza e o turismo ecológico;

XIII – proteger os recursos naturais necessários à subsistência de populações tradicionais, respeitando e valorizando seu conhecimento e sua cultura e promovendo-as social e economicamente. (Brasil, 2000)

De acordo com a Lei n. 9.985/2000, art. 6º, os órgãos executores do Snuc são:

III – órgãos executores: o Instituto Chico Mendes e o IBAMA, em caráter supletivo, os órgãos estaduais e municipais, com a função de implementar o SNUC, subsidiar as propostas de criação e administrar as unidades de conservação federais, estaduais e municipais, nas respectivas esferas de atuação. (Brasil, 2000)

O Instituto Chico Mendes de Conservação da Biodiversidade – ICMBio foi criado em 2007 pela Lei n. 11.516 e tem como prerrogativa executar as ações do Snuc, agindo como fiscalizador das UCs instituídas pela União. Desse modo, ele é responsável por centenas de UCs no território brasileiro. Cabe lembrar que o nome do instituto homenageia o extrativista e ambientalista Francisco Alves Mendes Filho, vulgo Chico Mendes, morto por defender o meio ambiente e os seringueiros da Amazônia.

O Snuc divide as UCs em duas grandes categorias, com características específicas:

I. unidades de proteção integral;

II. unidades de uso sustentável.

O art. 7º da Lei n. 9.985/2000 define os objetivos dessas duas categorias:

> § 1º O objetivo básico das Unidades de Proteção Integral é preservar a natureza, sendo admitido apenas o uso indireto dos seus recursos naturais, com exceção dos casos previstos nesta Lei.
>
> § 2º O objetivo básico das Unidades de Uso Sustentável é compatibilizar a conservação da natureza com o uso sustentável de parcela dos seus recursos naturais. (Brasil, 2000)

As **unidades de proteção integral** pertecem às seguintes categorias: estação ecológica, reserva biológica, parque nacional, monumento natural e refúgio de vida silvestre.

O grupo das **unidades de uso sustentável** incluem: áreas de proteção ambiental, área de relevante interesse ecológico, floresta nacional, reserva extrativista, reserva de fauna, reserva de desenvolvimento sustentável e reserva particular do patrimônio natural.

4.1 Unidades de proteção integral

As unidades de proteção integral constituem uma importante ferramenta de preservação da biodiversidade; nelas não é possível haver interferência humana, o que limita as pesquisas científicas, embora em algumas possa haver visitação pública.

Sistema Nacional de Unidades de Conservação da Natureza

4.1.1 Estação ecológica

A estação ecológica é uma UC que visa prioritariamente à preservação dos recursos biológicos, sendo permitidas as pesquisas científicas. É área exclusivamente pública, sendo que as áreas privadas existentes em locais de interesse para a criação desse tipo de UC devem ser desapropriadas. Não se permite a visitação pública, a não ser de caráter educacional, desde que previsto no Plano de Manejo da Unidade.

Conforme o parágrafo 4º do art. 9º da Lei n. 9.985/2000, as alterações nos ecossistemas nas estações ecológicas só podem ocorrer em caso de:

> I – medidas que visem à restauração de ecossistemas modificados;
>
> II – manejo de espécies com o fim de preservar a diversidade biológica;
>
> III – coleta de componentes dos ecossistemas com finalidades científicas;
>
> IV – pesquisas científicas cujo impacto sobre o ambiente seja maior do que aquele causado pela simples observação ou pela coleta controlada de componentes dos ecossistemas, em uma área correspondente a no máximo três por cento da extensão total da unidade e até o limite de um mil e quinhentos hectares. (Brasil, 2000)

4.1.2 Reserva biológica

A reserva biológica, assim como a estação ecológica, é de domínio público, e áreas particulares incluídas nos limites de interesse de sua criação devem ser desapropriadas.

Segundo o art. 10 da Lei n. 9.985/2000, tal área objetiva a preservação integral da biota e dos demais atributos naturais existentes em seus limites. Não é permitida a interferência humana direta nem sequer modificações ambientais, a não ser para recuperação de seus ecossistemas alterados e preservação do equilíbrio natural, da diversidade biológica e dos processos ecológicos naturais. Somente se permite visitação pública em caso de objetivo educacional, e mesmo a pesquisa científica depende de autorização prévia do órgão responsável pela administração da unidade, com restrições.

4.1.3 Parque nacional

O objetivo principal do parque nacional é a preservação dos ecossistemas naturais de grande relevância ecológica e beleza cênica. Permitem-se as pesquisas científicas, a visitação pública e as atividades de turismo, como o ecoturismo. Assim, como nas UCs anteriores, deve ocorrer a desapropriação de áreas particulares quando da criação do parque nacional. O regulamento existente no Plano de Manejo da Unidade deve prever as diretrizes para as pesquisas científicas e a visitação pública. Se forem criadas pelo estado ou município, receberão os nomes de *parque estadual* e *parque natural municipal*, respectivamente.

Essa categoria é uma das principais unidades de proteção integral que existem no Brasil, sendo permitido apenas o uso indireto de seus recursos. São exemplo de parques nacionais o do Itatiaia, o mais antigo do Brasil, o Parque Nacional do Iguaçu, o Parque Nacional do Pantanal Matogrossense e o Parque Nacional da Amazônia.

Figura 4.1 – Parque Nacional do Iguaçu e Parque Nacional do Itatiaia

Crédito: Fotolia

Sistema Nacional de Unidades de Conservação da Natureza

4.1.4 Monumento natural

Ao contrário das demais unidades, o monumento natural pode ser constituído por áreas particulares, desde que seja possível compatibilizar os usos de acordo com o Plano de Manejo; no entanto, se incompatíveis forem os usos, as terras deverão ser desapropriadas.

O objetivo do monumento natural é preservar os sítios naturais raros, singulares ou de grande beleza cênica (Brasil, 2014l).

As visitações públicas restringem-se às condições do Plano de Manejo e às normas regulamentadoras elaboradas pelo órgão responsável pela administração da unidade.

4.1.5 Refúgio de vida silvestre

O objetivo do refúgio de vida silvestre é proporcionar condições para a existência e/ou reprodução de espécies da flora e da fauna, seja esta última residente, seja migratória.

Permitem-se áreas particulares em suas unidades, desde que a utilização dos recursos pelos proprietários seja compatível com o Plano de Manejo da Unidade; não havendo compatibilidade, as áreas devem ser desapropriadas.

Pode haver visitação pública, desde que obedeça à regulamentação do Plano de Manejo e às normas estabelecidas pelo órgão responsável por sua administração, assim como as pesquisas científicas.

4.2 Unidades de uso sustentável

Ao contrário das unidades de proteção integral, as unidades de uso sustentável preveem a utilização dos recursos ambientais existentes nas áreas de conservação para o desenvolvimento antrópico, desde que compatíveis com os objetivos propostos para as unidades.

4.2.1 Área de proteção ambiental

As áreas de proteção ambiental – APAs são uma importante ferramenta de conservação da biodiversidade, pois buscam integrar manejos sustentáveis de recursos ambientais com o desenvolvimento econômico em suas unidades, podendo ser constituídas de terras públicas e privadas.

A Lei n. 9.985/2000 assim define a APA:

> Art. 15. [...] uma área em geral extensa, com um certo grau de ocupação humana, dotada de atributos abióticos, bióticos, estéticos ou culturais especialmente importantes para a qualidade de vida e o bem-estar das populações humanas, e tem como objetivos básicos proteger a diversidade biológica, disciplinar o processo de ocupação e assegurar a sustentabilidade do uso dos recursos naturais. (Brasil, 2000)

Você sabia?

Existem no Brasil 1.764 UCs, o que resulta na proteção de cerca de 1,5 milhão de km². Muitos países europeus somados não ocupam metade dessa área protegida.

Uma das principais características desse tipo de UC é a presença de assentamentos humanos com atividades diversas, utilizando-se, contudo, práticas de manejos sustentáveis (Silva; Rodrigues; Miceli, 2014).

A propriedade privada dentro de uma APA pode ter restrições de funcionamento. Compete ao proprietário, no entanto, estabelecer as condições para realização de pesquisas e de visitação pública (Brasil, 2000).

Um conselho presidido pelo órgão ambiental competente e constituído por representantes de órgão públicos, de organizações da sociedade civil e da população residente administra a APA.

Segundo o Ministério do Meio Ambiente – MMA, no Brasil existem 32 APAs federais, 184 estaduais e 52 municipais, o que resulta em cerca de 440 mil Km² de área protegida (Palazzi, 2013). A maioria das APAs está localizada no bioma Mata Atlântica (Gráfico 4.1).

Sistema Nacional de Unidades de Conservação da Natureza

Gráfico 4.1 – Localização das áreas de proteção ambiental por bioma

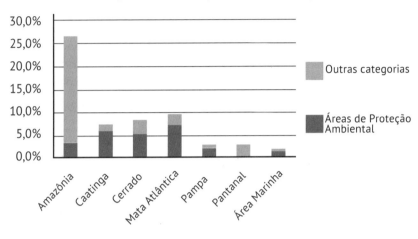

Fonte: Palazzi, 2013.

4.2.2 Área de relevante interesse ecológico

Uma área de relevante interesse ecológico é aquela geralmente de pequena extensão, que pode ter pouca ou nenhuma ocupação humana, mas que abriga exemplares raros da biota e apresenta características naturais extraordinárias. Tem como objetivo manter os ecossistemas e regular o uso de forma a conservar a natureza (Brasil, 2006e).

Tais áreas podem ser constituídas por terras públicas e privadas, e existem estabelecidas normas e restrições para a utilização das propriedades privadas localizadas nessas unidades.

4.2.3 Floresta nacional

A floresta nacional – Flona tem como objetivo o uso múltiplo sustentável dos recursos florestais e a pesquisa científica, e suas áreas são exclusivamente públicas e compostas por cobertura de predominância nativa. Nessas unidades se permite a presença de populações tradicionais, desde que a estejam habitando desde antes de sua criação.

Permitem-se a visitação pública a essas áreas, a qual deve obedecer às normas estabelecidas pelo Plano de Manejo, e também a realização de pesquisas científicas. A Flona deve ainda contar com um conselho consultivo, que deve ser presidido pelo órgão responsável por sua administração, constituído por representantes de órgãos públicos, de organizações da sociedade civil e das populações tradicionais residentes, se houver.

Se forem criadas pelo estado ou município, receberão os nomes de *floresta estadual* e *floresta municipal*, respectivamente.

4.2.4 Reserva extrativista

A reserva extrativista – Resex tem como foco as populações extrativistas tradicionais que sobrevivem prioritariamente do extrativismo e da agricultura de subsistência, além da criação de pequenos animais. O principal foco é a proteção não só desses povos, mas também dos aspectos culturais dessas populações, assegurando o uso sustentável dos recursos ambientais nessas áreas.

Existem duas modalidades de Resex: da Amazônia e da Marinha, o que resulta em cerca de 80 áreas entre as esferas federal e estadual, com mais de 21 milhões de hectares, atendendo aproximadamente 170 mil pessoas (Silva; Rodrigues; Miceli, 2014).

O domínio das áreas é público, mas concedido às populações tradicionais nelas localizadas. As terras privadas, se existirem antes de sua criação, devem ser desapropriadas. A Resex deve ser gerida por um conselho deliberativo presidido pelo órgão responsável pela administração e constituído por representantes de órgãos públicos, de organizações da sociedade civil e das populações tradicionais residentes na área, conforme se dispuser em regulamento e no ato de criação da unidade (Brasil, 2000). Permitem-se a visitação pública e as pesquisas científicas de acordo com o Plano de Manejo e as normas regulamentadoras da unidade.

Quanto à exploração mineral e à caça, a lei não autoriza a exploração comercial dos recursos minerais nem sequer a caça amadora ou profissional nesses espaços.

Sistema Nacional de Unidades de Conservação da Natureza

No entanto, é possível haver a exploração madeireira, desde que baseada em práticas sustentáveis e em situações especiais e complementares às atividades desenvolvidas nas Resex.

Basicamente, a comunidade tradicional pode usar os recursos naturais dentro de uma Resex no caso de colheita de frutos, sementes, produção de artesanatos e produtos naturais, entre outros.

Apesar de a criação desse tipo de UC pelo governo federal resolver diversos tipos de conflitos latifundiários, alguns ainda persistem mesmo após a delimitação das áreas pelo Poder Público (Silva; Rodrigues; Miceli, 2014).

A Figura 4.2 ilustra as Resex federais no Brasil, pontuando-as por estado.

Figura 4.2 – Reservas extrativistas federais no Brasil

Fonte: Brasil, 2014j.

4.2.5 Reserva de fauna

A reserva da fauna é definida pelo Snuc como uma área natural com populações de espécies nativas, que podem ser terrestres ou aquáticas, residentes ou migratórias e que devem servir para estudos técnico-científicos sobre o manejo econômico de forma sustentável desses animais, sendo vedada a caça amadora ou profissional.

Também é espaço de domínio público e não se permitem áreas particulares em seus limites, as quais devem ser desapropriadas quando da sua criação. É permitida a visitação pública de acordo com o Plano de Manejo. A comercialização dos produtos resultantes das pesquisas deve obedecer às leis e aos regulamentos.

4.2.6 Reserva de desenvolvimento sustentável

O art. 20 da Lei n. 9.985/2000 assim define uma reserva de desenvolvimento sustentável:

> é uma área natural que abriga populações tradicionais, cuja existência baseia-se em sistemas sustentáveis de exploração dos recursos naturais, desenvolvidos ao longo de gerações e adaptados às condições ecológicas locais e que desempenham um papel fundamental na proteção da natureza e na manutenção da diversidade biológica. (Brasil, 2000)

A criação desse tipo de reserva objetiva assegurar um correto manejo dos recursos ambientais disponíveis para as comunidades tradicionais, de modo a preservá-los.

Trata-se de unidade de domínio público, com desapropriações de áreas privadas em seus limites. A ocupação pelas populações tradicionais deve obedecer a regulamento próprio para esse fim. O tamanho da população que ocupará a unidade deve ser compatível com o equilíbrio dinâmico. Permitem-se cultivares nas áreas, desde que em regime sustentável, respeitando-se as limitações legais, bem como visitação pública e pesquisa científica, que devem obedecer aos regulamentos.

Sistema Nacional de Unidades de Conservação da Natureza

No Plano de Manejo, definem-se as seguintes zonas na unidade: de proteção integral, de uso sustentável e de amortecimento e corredores ecológicos.

4.2.7 Reserva particular do patrimônio natural

Ao contrário das demais unidades, a reserva particular do patrimônio natural – RPPN não pertence de forma direta ao Poder Público. Trata-se de uma área privada cujo objetivo primordial é a conservação da biodiversidade. Tem como premissa a perpetuidade da área para a conservação e está regulamentada pelo Decreto n. 5.746/2006.

Permitem-se a visitação, que pode ser de caráter turístico, recreativo ou educacional, e também a pesquisa científica. A área da RPPN não é tributável.

Os órgãos ambientais devem auxiliar o proprietário da RPPN na elaboração de um Plano de Manejo.

Um ponto interessante a destacar é que a RPPN pode ser criada dentro de uma APA.

Existem muitas RPPNs no Brasil, especialmente de organizações não governamentais (ONGs), tais como fundações de empresas. Destaca-se a de Salto Morato, da Fundação Grupo Boticário de Proteção à Natureza, no Estado do Paraná, que foi reconhecida como Sítio do Patrimônio Natural da Humanidade.

Diversos empresários e personalidades brasileiras têm aderido à criação de RPPNs, legando, assim, a seus sucessores e a toda a sociedade uma herança de recursos naturais. Você também pode ser um benfeitor da natureza.

> **Para saber mais**
>
> **Para ter mais informações sobre a RPPN Salto Morato, acesse:**
>
> FUNDAÇÃO GRUPO BOTICÁRIO DE PROTEÇÃO À NATUREZA. Disponível em: <http://www.fundacaogrupoboticario.org.br>. Acesso em: 29 maio 2014.

4.3 Os corredores ecológicos e o mosaico

A maioria das UCs, independentemente de sua categoria, é constituída por espaços descontínuos e fragmentados quando comparados às florestas originais, impedindo o deslocamento de espécies e resultando em baixas taxas reprodutivas. Apesar dos esforços na criação das UCs para a salvaguarda da diversidade biológica, a sustentabilidade dos sistemas naturais nem sempre tem sido efetiva (Silva; Rodrigues, Miceli, 2014).

Os corredores ecológicos são conjuntos formados de unidades de conservação, terras indígenas e áreas de interstício, utilizados como ferramenta de prevenção da fragmentação dos *habitats* das espécies das florestas, conectando as áreas protegidas, quaisquer que sejam sua modalidade e seus usos (Brasil, 2014s). Eles promovem ainda a diversidade genética entre as espécies, pois permitem que os animais transitem por áreas geográficas maiores, o que eleva a chance de cruzamento.

Atualmente, dois corredores principais estão sendo testados, para mais tarde servirem de suporte para a criação de outros; são eles o Corredor Central da Mata Atlântica – CCMA e o Corredor Central da Amazônia – CCA.

Os objetivos dos corredores ecológicos são (Brasil, 2014s):

- ▷ Reduzir a fragmentação mantendo ou restaurando a conectividade da paisagem e facilitando o fluxo genético entre as populações.
- ▷ Planejar a paisagem, integrando unidades de conservação, buscando conectá-las e, assim, promovendo a construção de corredores ecológicos na Mata Atlântica e a conservação daqueles já existentes na Amazônia.
- ▷ Demonstrar a efetiva viabilidade dos corredores ecológicos como uma ferramenta para a conservação da biodiversidade na Amazônia e Mata Atlântica.
- ▷ Promover a mudança de comportamento dos atores envolvidos, criar oportunidades de negócios e incentivos a atividades que promovam a conservação ambiental e o uso sustentável, agregando o viés ambiental aos projetos de desenvolvimento.

Sistema Nacional de Unidades de Conservação da Natureza

O Projeto Corredores Ecológicos assume como premissa a descentralização das decisões e a participação dos atores envolvidos, em parcerias com os governos federal, estadual e municipal, o setor privado, ONGs e a população (Silva; Rodrigues; Miceli, 2014). A Figura 4.3 detalha o organograma desse projeto.

Perguntas & respostas

Qual é a principal diferença entre as unidades de proteção integral e as de uso sustentável?

Refere-se basicamente ao fato de que nas unidades de proteção integral não pode haver alteração antrópica, isto é, é proibido que se utilizem seus recursos. Já nas de uso sustentável são utilizadas técnicas de manejo adequadas para utilizar os recursos, respeitando-se os ciclos naturais do ambiente.

Figura 4.3 – Organograma do Projeto Corredores Ecológicos

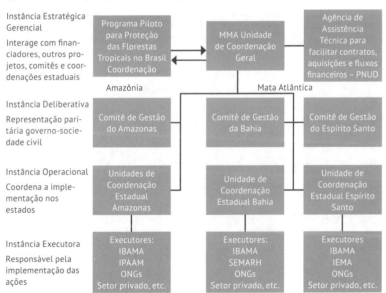

Fonte: Brasil, 2014s.

Espera-se que as áreas protegidas conectadas pelos corredores ecológicos possam garantir a conservação genética das espécies, ao mesmo tempo que permitam fomentar projetos que interliguem as áreas de interstício, como as terras indígenas.

No CCMA estão incluídas a Reserva da Biosfera da Mata Atlântica e o Sítio do Patrimônio Mundial da Costa do Descobrimento, abrangendo, assim, diversas UCs de proteção integral e de uso sustentável, que incluem os ambientes terrestre e marinho (Silva; Rodrigues; Miceli, 2014).

Existem também os chamados *minicorredores biológicos*, como a Área Focal Abrolhos, que foi escolhida como protótipo a fim de fornecer subsídio técnico para o planejamento em mosaico das áreas marinhas protegidas e a consolidação do primeiro corredor marinho do Brasil.

Entende-se por *mosaico* o conjunto de UCs no que concerne à administração, de forma a promover a gestão integrada e participativa dessas unidades, respeitando-se suas categorias e seus planos de manejo e otimizando-se, assim, a gestão dos recursos ambientais e a biodiversidade.

Síntese

O Sistema Nacional de Unidades de Conservação da Natureza – Snuc é uma das maiores iniciativas públicas para a sustentabilidade das espécies nos ecossistemas. O Snuc distingue duas categorias básicas de unidades de conservação – UCs: a de proteção integral e a de uso sustentável. A de proteção integral não permite o uso direto dos recursos existentes na unidade, enquanto a de uso sustentável permite a presença humana e a utilização de seus recursos ambientais. O Snuc também definiu em quais tipos de UCs podem existir a visitação pública e também a presença de áreas particulares, desde que compatibilizadas com o objetivo da unidade. Para evitar a perda genética decorrente do isolamento das áreas de UCs, estão sendo implantados corredores ecológicos, de forma a permitir a movimentação das espécies entre uma área e outra, contribuindo para a distribuição e a conservação das espécies em seus biomas.

Sistema Nacional de Unidades de Conservação da Natureza

Questões para revisão

1. Qual é a importância das comunidades tradicionais nas unidades de conservação – UCs?

2. Explique a importância dos corredores ecológicos para a manutenção da variabilidade genética.

3. Sobre o Snuc, avalie as proposições:

   I. É permitida a exitência de área particular dentro de um parque nacional desde que compatível com o Plano de Manejo.

   II. As reservas particulares do patrimônio natual – RPPNs são áreas privadas, porém voltadas para a conservação ambiental.

   III. Em uma área de proteção ambiental – APA não pode haver área de propriedade particular.

   Está(ão) correta(s):

   a. somente a opção I.

   b. somente a opção II.

   c. somente a opção III.

   d. somente as opções I e II.

   e. somente as opções I e III.

4. Marque (1) para unidades de uso sustentável e (2) para unidades de proteção integral e, em seguida, assinale a alternativa correta:

   ( ) Refúgio de vida silvestre

   ( ) Área de proteção ambiental – APA

   ( ) Área de relevante interesse ecológico

   ( ) Monumento natural

   ( ) Floresta

   ( ) Reserva extrativista

   ( ) Reserva de fauna

   ( ) Estação ecológica

( ) Reserva biológica

( ) Reserva de desenvolvimento sustentável

( ) Reserva particular do patrimônio natural

( ) Estação ecológica

( ) Reserva biológica

( ) Parque

a. 2; 2; 2; 1; 1; 1; 1; 2; 2; 2; 1; 1; 2; 2.

b. 2; 1; 1; 2; 1; 1; 1; 2; 2; 1; 1; 2; 2; 2.

c. 1; 2; 1; 2; 1; 2; 2; 1; 1; 1; 2; 1; 1; 1.

d. 1; 1; 2; 1; 2; 2; 1; 1; 1; 1; 2; 2; 1; 1.

e. 2; 1; 2; 1; 1; 2; 2; 1; 1; 2; 1; 2; 1; 2.

5. Indique qual tipo de área de conservação abaixo é constituído somente por áreas particulares:

a. APA.

b. RPPN.

c. Resex.

d. Flona.

e. Prona.

Questões para reflexão

1. Dentre os principais motivos para a criação de uma Área de Proteção Ambiental, pode-se citar (Rodrigues, 2013):

a. a presença de áreas densamente povoadas em torno de ambientes degradados, nos quais a conservação da natureza vem sendo negligenciada.

b. a existência de ecossistemas de grande significância ou fragilidade, importantes para a conservação em áreas com certo grau de influência humana.

Sistema Nacional de Unidades de Conservação da Natureza

c. a preservação integral de ecossistemas ameaçados, nos quais as atividades humanas passam a ser proibidas.

d. a conservação de áreas com grande beleza cênica e ricas em espécies de animais ameaçados de extinção.

e. a preservação de bacias hidrográficas de grandes rios, contribuindo para a regulação dos ciclos hidrológicos e do clima.

2. (Cespe – 2010 – MPU) Marque CERTO ou ERRADO:

( ) Em resposta à requisição do MPF (Ministério Público Federal), os municípios devem apresentar um diagnóstico detalhado quanto à localização e à vulnerabilidade dos sítios arqueológicos, já que estão obrigados por lei a assegurar a produção da informação solicitada.

Capítulo 5

Do sustentável ao insustentável

Conteúdos do capítulo

- Extinção de espécies.
- Livro Vermelho.
- Instruções Normativas das Espécies Ameaçadas.
- Categorias das espécies ameaçadas.
- Gestão de florestas.
- Uso sustentável das florestas.
- Exploração de Impacto Reduzido – EIR.
- A insustentabilidade das reservas extrativistas.
- Gestão de recursos costeiros.
- Aquicultura.

Após o estudo deste capítulo, você será capaz de:

1. compreender a vulnerabilidade das espécies nos ecossistemas;
2. reconhecer as iniciativas de recuperação das espécies ameaçadas;
3. constatar a importância da preservação das espécies;
4. avaliar por que algumas iniciativas de conservação não têm atingido os objetivos propostos;
5. compreender a utilização sustentável dos recursos florestais;
6. avaliar as políticas de gestão sobre os ecossistemas costeiros.

5.1 Sustentabilidade das espécies

Dentre os graves problemas ambientais que a sociedade moderna tem causado aos ecossistemas, a ameaça para a sobrevivência de muitas espécies é um dos mais preocupantes.

Esforços de diversos órgãos governamentais e da sociedade civil em compilar dados sobre as espécies ameaçadas, tal como faz a União Internacional para a Conservação da Natureza – IUCN, vêm demonstrando a fragilidade dos biomas na manutenção de muitas espécies, especialmente em virtude da fragmentação de *habitats*, o que impede o fluxo natural dos genes, além de diminuir o espaço territorial, provocando perda de recursos e consequente queda na taxa de reprodução de muitos organismos.

No Brasil, a lista de espécies em perigo crítico de extinção só aumenta, apesar das ações governamentais e da iniciativa privada na proteção e conservação dos *habitats*.

Mas por que isso acontece?

Parte desse problema se deve ainda a uma cultura consumista insensível ao fato de que a troca de um aparelho celular apenas porque ele tem uma cor diferente implica a extração, em algum lugar do mundo, de recursos ambientais.

Os interesses econômicos incorporam o aproveitamento madeireiro sem qualquer manejo sustentável, e as madeiras oriundas de árvores centenárias são retiradas clandestinamente do centro das florestas e transportadas rio abaixo, algumas vezes dentro das próprias reservas protegidas por lei.

Outro fator significativo diz respeito à falta de conscientização das pessoas no sentido da persistência em possuir animais silvestres presos em gaiolas, o que também contribui para o tráfico de animais.

O tamanho continental do Brasil, bem como a decorrente dificuldade de acesso a determinadas áreas para o monitoramento, também colabora para que o crime contra o meio ambiente prevaleça. Cabe destacar ainda que quase não existe fiscalização em muitas áreas de interesse ecológico e, quando existe, conta com fiscais que dispõem de poucos recursos para impedir o saque contra a natureza.

Nessa briga de mocinho e bandido, o bandido tem dado um espetáculo de ousadia, de desrespeito para com o bem público e de certeza de

Do sustentável ao insustentável

impunidade. Some-se a isso a ineficiência de órgãos públicos cuja autoridade máxima é feita por indicação dos governantes a apadrinhados políticos que, com raras exceções, pouco ou nada entendem sobre meio ambiente e, assim, na ciência de seus privilégios burocráticos, lavam as mãos, cruzam os braços e apreciam o desmonte da diversidade biológica.

Para refletir

Leia esta importante matéria veiculada pelo jornal *O Globo* sobre a falta de fiscais ambientais no Brasil.

Brasil tem só um fiscal por 579 km² de área protegida

A área de 1,8 milhão de km² envolvendo Unidades de Conservação Federais e terras indígenas conta hoje com 3.200 agentes públicos voltados à fiscalização nos três principais órgãos de vigilância e proteção: Instituto Brasileiro do Meio Ambiente (IBAMA), Fundação Nacional do Índio (FUNAI) e Instituto Chico Mendes de Biodiversidade (ICMBio). Isso significa que cada fiscal é responsável por 579 km² — área equivalente à metade da cidade do Rio de Janeiro.

Mas a situação é ainda mais dramática. O IBAMA, por exemplo, é responsável também por fiscalizar o cumprimento do Código Florestal em propriedades privadas, inibir pesca ilegal, combater garimpos clandestinos, entre outras funções. A estratégia tem sido aliar o uso de tecnologia e inteligência. [...]

Considerado apenas o desmatamento, as notícias dos últimos dois anos não foram boas. Em 2012, a derrubada de árvores na Mata Atlântica foi a maior desde 2008. O principal destino das toras foi a indústria de carvão. Na Amazônia, após quatro anos em queda, o desmatamento voltou a aumentar para abrir espaço para o gado e a soja. As terras indígenas tampouco estão a salvo, com constante invasão de madeireiros e conflitos com posseiros.

— A falta de fiscais é apenas o primeiro problema. O IBAMA e o ICMBio lavram multas, mas só 2% delas são pagas. O governo investe em programas para conter o desmatamento, mas induz a ação dos madeireiros quando não toma medidas preventivas. [...].

Acesse o conteúdo completo em:

CARVALHO, C. Brasil tem só um fiscal por 579 km² de área protegida. O Globo, 27 jan. 2014. Disponível em: <http://oglobo.globo.com/pais/brasil-tem-so-um-fiscal-por-579-km-de-area-protegida-11410382>. Acesso em: 27 jan. 2014.

Pense a respeito

Diante dos mandos e desmandos dos governos e, de maneira geral, da baixa qualidade de nossos políticos, uma pergunta surge: Você acredita em desenvolvimento sustentável?

5.2 O Livro Vermelho

No Brasil, existem 627 táxons incluídos nas categorias de ameaças de extinção; porém, antes de apresentar esses grupos taxonômicos, é importante compreender como funciona a compilação das espécies vulneráveis nos ecossistemas, conhecendo o chamado *Livro Vermelho*.

O Livro Vermelho das Espécies Ameaçadas tem como base as Instruções Normativas – INs do Ministério do Meio Ambiente – MMA, as quais listam as espécies e dão diretrizes básicas para o planejamento e a priorização de ações que conservem e criem unidades de conservação – UCs e seus planos de manejo.

A IN n. 5, de 21 de maio de 2004, por exemplo, define alguns conceitos importantes a serem aplicados quando se trata das espécies ameaçadas:

> Art. 2º Entende-se por espécies:
>
> I – ameaçadas de extinção: aquelas com alto risco de desaparecimento na natureza em futuro próximo, assim reconhecidas pelo Ministério do Meio Ambiente;
>
> II – sobreexplotadas: aquelas cuja condição de captura de uma ou todas as classes de idade em uma população são tão elevadas que reduz a biomassa, o potencial de desova e as capturas no futuro, a níveis inferiores aos de segurança;
>
> III – ameaçadas de sobreexplotação: aquelas cujo nível de explotação encontra-se próximo ao de sobreexplotação. (Brasil, 2004c)

Do sustentável ao insustentável

Em seu art. 3º, a IN n.5/2004 proíbe a captura das espécies ameaçadas de extinção, exceto para fins científicos, caso em que devem obter autorização especial do Instituto Brasileiro do Meio Ambiente e dos Recursos Naturais Renováveis – Ibama.

Existem algumas categorias relacionadas à extinção de espécies que indicam sua vulnerabilidade e, portanto, norteiam as ações governamentais de conservação, conforme o Instituto Chico Mendes de Conservação da Biodiversidade – ICMBio (Brasil, 2014m):

⊘ **Extinta (EX)** – Uma espécie é considerada extinta quando ela, após intensa busca de sua existência, o que abrange sua distribuição geográfica, e respeitando seu ciclo de vida, não é mais encontrada na natureza.

⊘ **Extinta na Natureza (EW)** – Ocorre quando a espécie somente existe em cativeiro ou fora dos limites de sua distribuição natural. Os levantamentos sobre sua extinção levam em conta a busca de sua existência em sua distribuição geográfica normal e respeitando seu ciclo de vida. Quando, porém, ela não é mais encontrada em seu ambiente natural, afirma-se que está extinta.

⊘ **Regionalmente Extinta/Extinta no Brasil (RE)** – Refere-se às espécies que existiam em determinada região, mas desapareceram e não são mais encontradas. Para serem incluídas nessa categoria, a fixação de tempo não deve ser anterior a 1500 d.C.

Para as demais categorias (criticamente em perigo, em perigo ou vulnerável), existem cinco critérios específicos que devem ser considerados para o enquadramento, conforme o ICMBio (Brasil, 2014m), que são:

a) redução da população (passada, presente e/ou projetada);

b) distribuição geográfica restrita e apresentando fragmentação, declínio ou flutuações;

c) população pequena e com fragmentação, declínio ou flutuações;

d) população muito pequena ou distribuição muito restrita;

e) análise quantitativa de risco de extinção (por exemplo, *Population Viability Analysis* – PVA).

⊘ **Criticamente em Perigo (CR)** – Ocorre quando a espécie cumpre qualquer dos critérios de A a E, indicando que enfrenta um risco extremo de extinção na natureza.

⊘ **Em Perigo (EN)** – Ocorre quando a espécie cumpre qualquer um dos critérios de A a E, indicando que enfrenta um risco muito alto de extinção na natureza.

⊘ **Vulnerável (VU)** – Ocorre quando a espécie cumpre qualquer um dos critérios de A a E, indicando que enfrenta um risco alto de extinção na natureza.

Existem ainda outras categorias que não se encaixam nas anteriores:

⊘ **Quase Ameaçada (NT)** – Ocorre quando se encontra perto de uma das qualificações anteriores, podendo se enquadrar futuramente.

⊘ **Menos Preocupante (LC)** – Ocorre quando não se encontra em nenhuma das qualificações anteriores nem existe probabilidade de se enquadrar no futuro. Refere-se às espécies de ampla distribuição.

⊘ **Dados Insuficientes (DD)** – Ocorre quando não há informações suficientes para enquadrar a espécie nas categorias anteriores, especialmente sobre sua distribuição e abundância.

⊘ **Não Aplicável (NA)** – Essa categoria que não pode ser avaliada em nível regional, por não se tratar de uma população selvagem ou por não estar dentro da sua distribuição natural.

Basicamente, essa classificação em categorias segue os critérios de avaliação da IUCN; caso a espécie ainda não tenha sido avaliada, é enquadrada na categoria **Não Avaliada (NE)**.

A quantidade das espécies que correm risco, avaliadas no Brasil, considerando-se os grupos taxonômicos e suas categorias, está especificada no Quadro 5.1.

Do sustentável ao insustentável

Quadro 5.1 – Espécies brasileiras ameaçadas de extinção por grupos taxonômicos e suas respectivas categorias, considerando-se as instruções normativas do Ministério do Meio Ambiente

Grupo Taxonômico	Categoria de ameaça					total	% ameaçadas	Total no Brasil	% Brasil
	EX*	EW**	CR**	EN****	VU*****				
Aves	2	2	24	47	85	160	25,5	1.800	8,8
Mamíferos	-	-	18	11	40	69	10,9	658	10,5
Répteis	-	-	6	5	9	20	3,2	641	3,1
Anfíbios	1	-	9	3	3	16	2,5	776	2,0
Peixes	-	-	35	38	81	154	24,5	2.868	5,4
Total de vertebrado	3	2	92	104	218	419	67%	6.743	62,0 %

Legenda: *EX: extinto, **EW: extinto na natureza, ***CR: criticamente em perigo, ****EN: em perigo, *****VU: vulnerável.
Fonte: Machado et al., 2008, citado por Silva; Rodrigues; Miceli, 2014.

Para saber mais

Para conhecer as espécies ameaçadas de extinção, acesse o Livro Vermelho:

BRASIL. Mnistério do Meio Ambiente. Instituto Chico Mendes de Conservação da Biodiversidade. **Lista de espécies ameaçadas**. Disponível em: <http://www.icmbio.gov.br/portal/biodiversidade/fauna-brasileira/lista-de-especies.html>. Acesso em: 29 maio 2014.

O ICMBio mantém levantamento de dados de 1.168 espécies de fauna brasileira, que incluem artigos científicos, teses, estudos e relatórios de impacto ambiental – EIA/RIMA, coleções depositadas em museus etc., com o objetivo de aplicar modelos matemáticos para a obtenção de mapas que indicam áreas sensíveis para a conservação das espécies.

Estudo de caso

Recuperação de espécies

Muitos projetos nos âmbitos público e privado de recuperação de espécies ameaçadas de extinção se baseiam em programas de preservação e conservação de áreas prioritárias.

Várias são as ações governamentais para proteção e recuperação de espécies, tais como o Plano de Ação Nacional para Conservação das Espécies Aquáticas da Bacia do Rio Paraíba do Sul, que tenta recuperar o peixe surubim do Paraíba (*Steindachneridion parahybae*), hoje em estado Criticamente em Perigo.

O ICMBio desenvolve diversos projetos para a recuperação de espécies, destacando-se o Ararinha Azul na Natureza, que, em parceria com diversas instituições nacionais e internacionais, luta pela sobrevivência da ararinha azul (*Cyanopsitta spixii*).

O Plano de Ação Nacional para a Conservação do Lobo-Guará é outro exemplo de ação governamental para tentar salvar da extinção o lobo-guará (*Chrysocyon brachyurus*), que é um mamífero ameaçado especialmente pela perda de *habitats*. Esse plano de ação objetiva avaliar a espécie quanto a sua distribuição, comportamento, reprodução etc., a fim de criar condições para que ela sobreviva.

Outro projeto que chama atenção é o renomado Tamar, cujo objetivo é preservar as tartarugas marinhas e garantir as condições necessárias para a conservação da espécie, envolvendo, além de pesquisadores, a comunidade local. Nesse sentido, o projeto atua tendo como foco a sensibilização e a conscientização da população acerca da necessidade de preservar as tartarugas marinhas e, ao mesmo tempo, a busca de alternativas de subsistência não predatória para os pescadores e seus familiares. Além disso, promove profissionalização da comunidade por meio de parcerias com cooperativas e da valorização das tradições culturais e regionais..

Do sustentável ao insustentável

O ICMBio mantém, ainda, o Programa Cativeiro de Espécies Ameaçadas, de acordo com a IN n. 22/2012, que compreende ações estratégicas para conservação *ex situ*, isto é, fora do *habitat* natural da espécie, com a finalidade de revigorar genética e demograficamente determinada população, como ocorre com a arara-azul-de-lear (*Anodorhynchus leari*).

O Programa Proteção das Florestas Tropicais do Brasil – PPG7, instituído pelos países do grupo G7 na década de 1990, visa encontrar soluções que combinem a conservação da Floresta Amazônica e da Mata Atlântica de forma a utilizar os recursos ambientais por meio de práticas sustentáveis e que incluam soluções de melhoras das condições de vida das populações.

Desde então, o PPG7 tem servido de suporte à criação de políticas públicas ambientais voltadas à sustentabilidade. Considerado um dos maiores programas de cooperação internacional sobre a temática ambiental global, o PPG7 é financiado pelos governos do G7, pelos Países Baixos e pela União Europeia, além de contar com recursos do governo brasileiro e da sociedade civil. Acrescente-se que o Banco Mundial administra o Rain Forest Trust Fund – RFT para absorver as contribuições dos diferentes doadores (Silva; Rodrigues; Miceli, 2014).

No âmbito privado, destaca-se o Parque das Aves, localizado na cidade de Foz do Iguaçu, Estado do Paraná, na entrada do Parque Iguaçu. Trata-se de uma área particular que abriga diversas espécies de aves de todo o mundo e desenvolve projetos de conservação e procriação. O que chama atenção nesse projeto é que em vários pontos o visitante pode interagir com os animais, como os flamingos, as araras e os tucanos, seja entrando em seus espaços, seja convivendo com eles em seu *habitat*.

5.3 Gestão de florestas

Em 2006, foi editada a Lei n. 11.284 (Brasil, 2006a), que dispõe sobre a gestão de florestas públicas para o uso sustentável, com a instituição do Serviço Florestal Brasileiro, órgão ligado ao MMA e responsável pela administração das florestas nacionais, e a criação do Fundo Nacional de Desenvolvimento Florestal, que tem como função fomentar o desenvolvimento de atividades sustentáveis florestais, além de promover a inovação tecnológica no setor.

Desde a edição dessa lei, as empresas podem receber a concessão de manejar as florestas públicas para a extração de madeira e outros produtos, de forma a gerar benefícios socioambientais.

Perguntas & respostas

Quem pode concorrer à concessão florestal?

Podem concorrer empresas e comunidades; sendo as propostas aprovadas, o vencedor recebe o direito de manejar a floresta durante o período de 40 anos. É a iniciativa privada tomando conta dos bens públicos.

Rodrigues (2013) relata que, com base na Lei n. 11.284/2006, a concessão florestal atua como um apoio na gestão das UCs.

Acrescente-se ainda que as concessões florestais devem seguir o Plano Anual de Outorga Florestal – Paof, responsável pelo estabelecimento das florestas passíveis de concessão para que sejam elaborados editais de licitação aos interessados, a quem cabe determinar os serviços e os produtos que poderão ser explorados. O governo receberá pela concessão da floresta.

Pense a respeito

Críticos comparam a concessão florestal com a concessão de estradas com pagamento de pedágio. Na prática, o cidadão comum paga para uma empresa concessionária, privada, o direito de utilizar um bem público de uso comum e garantido pela Constituição, evidenciando a ineficiência do Estado em gerenciar os recursos ambientais. Por outro lado, existe a possibilidade da descentralização do manejo florestal com a participação da comunidade local e com a iniciativa privada, criando-se um novo modelo de gestão participativa nas questões florestais.

Para saber mais sobre essa lei, acesse:

BRASIL. Lei n. 11.284, de 2 de março de 2006. **Diário Oficial da União**, Poder Legislativo, Brasília, DF, 3 mar. 2006. Disponível em: <http://www.planalto.gov.br/ccivil_03/_ato2004-2006/2006/lei/l11284.htm>. Acesso em: 17 nov. 2013.

No Brasil, muitas florestas públicas são comunitárias, ou seja, contam com a presença de comunidades tradicionais e prática de agricultura familiar e/ou de assentamentos agrários.

O Serviço Florestal Brasileiro – SFB (Brasil, 2014t) relata que cerca de 2 milhões de pessoas vivem nessas florestas, ou seja, em torno de 57% das florestas públicas nacionais (136 milhões de hectares), boa parte localizada em terras indígenas e nas reservas extrativas – Resex, e ainda indica que as áreas florestais ocupadas pela comunidade tradicional são mais conservadas quando comparadas a outras. A ideia é que essas comunidades possam vir a manejar essas florestas de forma autônoma.

5.3.1 Manejo dos produtos florestais

Ao respeitar os ciclos naturais de regeneração dos ecossistemas, é possível obter recursos florestais de modo a compatibilizar o desenvolvimento humano com a existência das espécies nas florestas.

O manejo sustentável permite gerenciar ciclos de corte da madeira e de extração de recursos. No caso da madeira, é possível obter, por um período de tempo, uma quantidade considerável dela, desde que respeitada sua capacidade produtiva e de regeneração.

Para viabilizar esse manejo, o primeiro passo é conhecer as espécies que compõem a floresta – especialmente as que podem fornecer o recurso almejado, como a madeira – e também o tamanho das árvores, o volume que pode ser extraído e, principalmente, a capacidade de regeneração da floresta, a riqueza e a abundância das espécies.

Com base nessas informações, tornam-se possíveis o estabelecimento da área a ser aproveitada e a determinação do ciclo de corte ideal dessas árvores. Tais características florestais podem ser obtidas por meio de levantamentos florístico-fitossociológicos e de inventários florestais que associam às espécies identificadas o volume disponível aproveitável e sua capacidade de retornar ao estágio natural (Rodrigues, 2013).

Vale ainda destacar que o crescimento das espécies arbóreas é influenciado pelas características do ambiente, tais como profundidade do solo, disponibilidade de nutrientes e questões intrínsecas da espécie em relação à velocidade de desenvolvimento.

Para o manejo florestal sustentável, torna-se de vital importância o planejamento detalhando a divisão de áreas de corte, ou talhões. No caso da Amazônia, a IN n. 5/2004, do MMA (Brasil, 2004c) indica que, para um ciclo de corte de 35 anos de um hectare, podem ser aproveitados somente 30 m³ de madeira. Portanto, uma área que já tenha sofrido o corte somente poderá ser novamente explorada após 35 anos. A área florestal deve ser repartida em parcelas aproveitáveis de forma anual.

Mas como calcular isso? Veja um exemplo, conforme Rodrigues (2013): considere uma área de 3.500 ha e com ciclo de corte de 35 anos. Então, divide-se a área total pelo ciclo de corte e têm-se 35 unidades de manejo de 100 ha cada (Figura 5.1). Assim, a unidade 1, ou parcela, deve ser explorada no primeiro ano, a parcela 2 no segundo ano e assim sucessivamente. Após 35 anos, a unidade 1 poderá ser novamente aproveitada, fechando um ciclo sustentável de exploração madeireira.

Figura 5.1 – Exemplo de divisão de uma área florestal em unidades de manejo sustentável, considerando-se uma área de 3.500 ha e um ciclo de corte de 35 anos

01	10	11	20	21	30	31
02	09	12	19	22	29	32
03	08	13	18	23	28	33
04	07	14	17	24	27	34
05	06	15	16	25	26	35

Fonte: Rodrigues, 2013.

5.3.2 Exploração de Impacto Reduzido

Os recursos florestais têm uma importância crucial nos contextos social e ambiental, sobretudo na Amazônia Legal.

A Exploração de Impacto Reduzido – EIR consiste num conjunto de técnicas que objetiva manter a estrutura e as funções das florestas em condição similar àquela anterior à exploração e tem sido utilizada com sucesso no manejo sustentável na Amazônia (Rodrigues, 2013).

Aprofundando a explicação, a EIR consiste no corte seletivo que não apenas avalia as espécies de maior porte e valor econômico, mas também considera

Do sustentável ao insustentável

deixar na área indivíduos remanescentes da espécie para que eles possam recompor a população; desse modo, mantém-se parte das características favoráveis para os animais e outros organismos que interagem na floresta.

Para que a EIR funcione adequadamente, é preciso que medidas sejam tomadas, tais como um **correto inventário florestal** e o **mapeamento das árvores de interesse comercial para a extração**; o **planejamento das estradas de escoamento do extrato madeireiro**; o **corte das lianas e cipós**, uma vez que nas florestas existe um alinhado de plantas que se entrelaçam entre si e, na derrubada da árvore escolhida, outras podem vir ao chão sem necessidade. Acrescentam-se ainda o **corte direcionado** e a **redução do desperdício**, que trata da derrubada racional da árvore de forma que ela cause o menor dano às demais, direcionando a escolha à derrubada em áreas mais abertas e ao corte mais rente ao solo possível; a **realização do arraste otimizado** da árvore cortada em direção à estrada, evitando-se danos ao solo com a utilização de tratores e maquinário especialmente desenvolvidos para esse fim; e o **monitoramento da floresta remanescente**, com o intuito de verificar se a regeneração está ocorrendo da forma esperada, com remediação caso necessário (Rodrigues, 2013).

5.4 Insustentabilidade das reservas extrativistas

Apesar dos esforços consideráveis do Poder Público em resguardar para comunidades tradicionais e seus recursos culturais o uso do meio ambiente, as ações parecem ainda estar longe de atingir a sustentabilidade almejada, como ocorre em algumas reservas extrativistas (Resex).

Para o Ibama (Brasil, 2014j), a miséria e a pobreza são inimigas naturais das práticas conservacionistas porque a necessidade de sobrevivência resulta na agressão do meio ambiente por parte dos mais desfavorecidos.

De fato, isso significa que a fome impõe o consumo imediato de alimentos – por exemplo, pesca e caça de animais em riscos de extinção – independentemente da época de reprodução. E o homem não precisa apenas de comida, mas também de condições básicas de sobrevivência, como roupas e remédios; assim, na falta de recursos, opta pela venda de madeira de forma clandestina ou ainda pelo manejo incorreto das áreas de assentamento, entre outras alternativas (Silva; Rodrigues; Miceli, 2014).

As populações tradicionais são também as mais vulneráveis. Para elas, saneamento básico e programas de saúde que venham a atender as famílias que vivem isoladas nas florestas são artigos de luxo.

Além disso, em muitos casos, os problemas ambientais que existiam na área antes da criação das Resex, como a pecuária de criação de búfalos, responsável por sérias degradações no solo, pastagens que alteram a paisagem, entre outros, bem como interesses de terras por parte dos latifundiários ainda não encontraram resolução. Desse modo, as populações tradicionais assumem o compromisso do manejo sustentável de acordo com o Plano de Manejo da Unidade e acabam ficando em fogo cruzado com os interesses difusos, o que desencadeia diversos conflitos. Soma-se aqui o embate com as madeireiras que não respeitam a demarcação das áreas.

Estudo de caso

A Reserva Extrativista Verde Para Sempre, localizada no município de Porto de Moz, no Estado do Pará, vem sofrendo inúmeros saques de madeira nativa dentro de sua área, que totaliza mais de 1.200.000 ha dentro do bioma Amazônia.

Nessa reserva, milhares de m^3 de madeira estão sendo extraídos de forma ilegal. Os madeireiros tentam justificar a situação, mesmo sem comprovação, afirmando que esses materiais vêm de área de manejo florestal sustentável, mas as autoridades sabem que o objetivo dos infratores é vender a madeira para a indústria de móveis e de construção civil, além de exportá-la para outros países.

Sabe-se que o lucro dos trabalhadores dentro de uma reserva de extrativismo é muito pequeno, e as tentações são muitas (Silva; Rodrigues; Miceli, 2014). Os atravessadores pagam um valor muito baixo pelos produtos artesanais ou mesmo pelos alimentos recolhidos da floresta, mas o valor sobe bastante até chegar ao consumidor final. Além disso, é comum que a comunidade entregue apenas a matéria bruta aos compradores, a qual, depois de refinada pela indústria, é vendida por valores altos, como é o caso dos óleos de muitas essências amazônicas.

A falta de perspectiva de mudanças faz com que muitos abandonem seus lares e costumes e se aventurem nos centros urbanos, onde, despreparados,

Do sustentável ao insustentável

acabam por vezes na marginalidade, agravando a questão socioambiental dessas cidades. Outros, contudo, aliam-se aos infratores, facilitando-lhes crimes e interesses.

Projetos de desenvolvimento sustentável nas Resex têm sido implantados para tentar resolver essas questões socioambientais. No entanto, na criação das Resex, embora o foco seja a população tradicional, a maior preocupação ainda está voltada à proteção ambiental, e não às soluções realmente sustentáveis para a sobrevida financeira dessas comunidades.

É necessário, portanto, que se encorajem programas e projetos de educação nas mais diversas áreas, inclusive profissionalizantes, além da ambiental, pois isso contribuirá para a formação dessas pessoas, respeitando seus preceitos culturais (Silva; Rodrigues; Miceli, 2014).

É preciso compreender que, se a miséria e a pobreza são inimigas do desenvolvimento sustentável, a fome por si só é inimiga número 1 do próprio homem.

5.5 Gestão de recursos costeiros

Antes que se inicie a abordagem dos aspectos relevantes do tópico, é fundamental que se compreenda o que é uma zona costeira:

> uma unidade territorial que se estende, desde as bacias hidrográficas da planície litorânea, ao longo dos 8.500 km de costa, abrangendo 17 estados e mais de quatrocentos municípios, passando pela faixa marítima formada por mar territorial, com largura de 12 milhas náuticas a partir da linha da costa, até a plataforma continental marinha e a Zona Econômica Exclusiva – ZEE que, no caso brasileiro, alonga-se até 200 milhas da costa. (Silva et al., 2013)

No que concerne à economia, a zona costeira é de grande relevância para os países banhados pelos mares, na medida em que existe alta produtividade nessas regiões marítimas em razão de sua proximidade com o continente, com alta concentração de nutrientes e condições ambientais para reprodução e sobrevivência das espécies.

No Brasil, existe uma relação direta da zona costeira com os biomas – somente o Pantanal não está relacionado com a costa. Os biomas brasileiros com maior extensão de costa são: Mata Atlântica, Amazônia, Caatinga, Pampa e Cerrado.

Estima-se que cerca de 95% dos pescados consumidos no mundo sejam oriundos das zonas costeiras, em contraste com o chamado *mar aberto*, onde a concentração de cardumes é muito menor.

Apesar disso, essas zonas têm sofrido sobremaneira em virtude das atividades humanas, especialmente com a superexploração de espécies, a destruição e fragmentação de *habitats*, como no caso de portos e aterros, a contaminação com esgoto doméstico e industrial e acidentes ambientais, a introdução de espécies exóticas, entre outras.

5.5.1 Plano Nacional de Gerenciamento Costeiro

O Brasil abriga muitos ecossistemas na região costeira, tais como manguezais, restingas, dunas, costões rochosos, estuários e recifes de corais. A biodiversidade varia entre esses ecossistemas, com maior riqueza nos manguezais e nos recifes de corais, considerados o berço para muitas espécies aquáticas, uma vez que passam boa parte de seus estágios de desenvolvimento nesses ecossistemas.

Reitera-se que, em razão de sua produtividade, a zona costeira tem importância crucial para a atividade econômica de muitas cidades litorâneas, sobretudo para as comunidades de pescadores. Entretanto, muitos conflitos nela ocorrem em virtude de seus múltiplos usos, tais como portos, cultivos de organismo, áreas de proteção e conservação ambiental, turismo e atividades industriais (Silva et al., 2013).

Visando minimizar os problemas, em 1988 foi editada a Lei n. 7.661 (Brasil, 1988), que instituiu o Plano Nacional de Gerenciamento Costeiro – PNGC. Segundo o art. 2º dessa lei, "o PNGC visará especificamente a orientar a utilização nacional dos recursos na Zona Costeira, de forma a contribuir para elevar a qualidade da vida de sua população, e a proteção do seu patrimônio natural, histórico, étnico e cultural" (Brasil, 1988).

Posteriormente, o PNGC foi regulamentado pelo Decreto n. 5.300/2004 (Brasil, 2004b), que definiu as normas gerais com vistas à gestão ambiental da zona costeira do país, estabelecendo as bases para a formulação de políticas, planos e programas federais, estaduais e municipais. Acrescente-se que o PNGC pode criar unidades de conservação permanente em face da proteção dos ecossistemas costeiros.

A coordenação do PNGC é realizada pelo MMA e supervisionada pela Comissão Interministerial para os Recursos do Mar – CIRM e pelo Grupo de Integração do Gerenciamento Costeiro – Gi-Gerco, e sua execução envolve outras 17 Coordenações Estaduais de Gerenciamento Costeiro.

Os instrumentos de gestão costeira, de acordo com o art. 7º do Decreto n. 5.300/2004 (Brasil, 2004b), são:

> I – Plano Nacional de Gerenciamento Costeiro – PNGC: conjunto de diretrizes gerais aplicáveis nas diferentes esferas de governo e escalas de atuação, orientando a implementação de políticas, planos e programas voltados ao desenvolvimento sustentável da zona costeira;
>
> II – Plano de Ação Federal da Zona Costeira – PAF: planejamento de ações estratégicas para a integração de políticas públicas incidentes na zona costeira, buscando responsabilidades compartilhadas de atuação;
>
> III – Plano Estadual de Gerenciamento Costeiro – PEGC: implementa a Política Estadual de Gerenciamento Costeiro, define responsabilidades e procedimentos institucionais para a sua execução, tendo como base o PNGC;
>
> IV – Plano Municipal de Gerenciamento Costeiro – PMGC: implementa a Política Municipal de Gerenciamento Costeiro, define responsabilidades e procedimentos institucionais para a sua execução, tendo como base o PNGC e o PEGC, devendo observar, ainda, os demais planos de uso e ocupação territorial ou outros instrumentos de planejamento municipal;
>
> V – Sistema de Informações do Gerenciamento Costeiro – SIGERCO: componente do Sistema Nacional de Informações sobre Meio Ambiente – SINIMA, que integra informações georreferenciadas sobre a zona costeira;

VI – Sistema de Monitoramento Ambiental da Zona Costeira – SMA: estrutura operacional de coleta contínua de dados e informações, para o acompanhamento da dinâmica de uso e ocupação da zona costeira e avaliação das metas de qualidade socioambiental;

VII – Relatório de Qualidade Ambiental da Zona Costeira – RQA-ZC: consolida, periodicamente, os resultados produzidos pelo monitoramento ambiental e avalia a eficiência e eficácia das ações da gestão;

VIII – Zoneamento Ecológico-Econômico Costeiro – ZEEC: orienta o processo de ordenamento territorial, necessário para a obtenção das condições de sustentabilidade do desenvolvimento da zona costeira, em consonância com as diretrizes do Zoneamento Ecológico-Econômico do território nacional, como mecanismo de apoio às ações de monitoramento, licenciamento, fiscalização e gestão;

IX – Macrodiagnóstico da zona costeira: reúne informações, em escala nacional, sobre as características físico-naturais e socioeconômicas da zona costeira, com a finalidade de orientar ações de preservação, conservação, regulamentação e fiscalização dos patrimônios naturais e culturais.

A gestão costeira utiliza como unidade básica de gestão o mar territorial, que se estende por 12 milhas náuticas da costa. Cada milha náutica corresponde a 1.852 metros.

Para a gestão da orla marítima, o Decreto n. 5.300/2004 (Brasil, 2004b) prevê a elaboração do Plano de Intervenção, que se baseia no reconhecimento das características naturais, incluindo as questões socioambientais.

O princípio norteador da gestão costeira é o da precaução, isto é, evitar que os danos ambientais ocorram, de modo a preservar a biodiversidade dos ecossistemas e também os culturais.

Do sustentável ao insustentável

> **Pense a respeito**
>
> A legislação considera que as praias são de domínio público, mas temos visto por aí muitas celebridades impedindo as pessoas de frequentarem determinadas áreas litorâneas, bem como a existência de "praias particulares" espalhadas pelo Brasil.
>
> Para saber mais sobre a gestão costeira, acesse:
>
> BRASIL. Decreto n. 5.300, de 7 de dezembro de 2004. **Diário Oficial da União**, Poder Executivo, Brasília, DF, 8 dez. 2004. Disponível em: <http://www.planalto.gov.br/ccivil_03/_ato2004-2006/2004/decreto/D5300.htm>. Acesso em: 17 jan. 2014

5.6 Aquicultura

A aquicultura, ou aquacultura, é uma ferramenta para mitigar os impactos da exploração dos organismos aquáticos. Trata-se de uma atividade de cultivo de espécies aquáticas que vivem na água ou dependem diretamente dela para sua sobrevivência e reprodução. A **aquicultura** distingue-se da **maricultura**, que é uma prática que visa ao cultivo de espécies exclusivamente marinhas.

Existem duas atividades importantes desenvolvidas em relação ao cultivo de organismos aquáticos: a **carcinocultura**, definida como a criação de crustáceos de água doce ou salgada, e a **malacocultura**, que é o cultivo de moluscos, como mexilhões e ostras.

Segundo o Ministério da Pesca e Aquicultura – MPA (Brasil, 2014a), o Brasil produz cerca de 1,25 milhão de toneladas de pescado; 38% desse total é de cultivo, representando em torno de 3,5 milhões de empregos diretos e indiretos.

Infelizmente, ainda boa parte dos cultivares comerciais da aquicultura não é nativa, como no caso da tilápia do Nilo (*Oreochromis niloticus*), amplamente divulgada como oportunidade de negócio para o setor pesqueiro, mas que não faz parte da ictiofauna nativa brasileira, o que coloca em risco a biodiversidade.

É exatamente em relação à biodiversidade, desde que tomadas as medidas necessárias de proteção aos organismos nativos, que a aquicultura pode se tornar uma importante ferramenta de conservação, pois pode atender à demanda para o mercado pesqueiro, por meio de espécies cultivadas, evitando, assim, que a ictiofauna nativa seja superexplorada e tenha sua população diminuída, com danos à existência de muitas espécies.

Síntese

Uma espécie está ameaçada de extinção quando ela pode desaparecer de uma determinada área, bioma ou do planeta, em razão de seu baixo quantitativo populacional. O Ministério do Meio Ambiente – MMA edita instruções normativas que classificam as espécies de acordo com seu risco, seguindo as categorias da União Internacional para a Conservação da Natureza – IUCN. O Livro Vermelho das Espécies Ameaçadas lista os táxons, promovendo-se, assim, ações de preservação e conservação das espécies, como a criação de unidades de conservação – UCs. Algumas espécies podem ser manejadas *ex situ*, em cativeiro, como forma de aumentar a variedade genética e sua população. A Lei n. 11.284/2006 (Brasil, 2006a) instituiu o Serviço Florestal Brasileiro e criou condições para que a sociedade civil possa participar da gestão das florestas. A Exploração de Impacto Reduzido na Amazônia Legal é um conjunto de técnicas que promove a remoção das espécies comerciais, preservando as demais, e assim mantém um sistema sem grandes alterações após a sua extração. As reservas extrativistas – Resex, apesar do grande esforço público em sua criação, têm gerado graves conflitos entre a população tradicional e as madeireiras, colocando em risco a sustentabilidade. A gestão costeira objetiva promover o desenvolvimento da economia pesqueira respeitando os múltiplos usos do ambiente, e a aquicultura tem se mostrado uma boa alternativa para evitar a superexploração dos organismos aquáticos, cultivando-os em cativeiro.

Do sustentável ao insustentável

Questões para revisão

1. Qual é a diferença entre aquicultura e maricultura?

2. Por que existem conflitos relativos à gestão costeira brasileira?

3. Sobre as espécies ameaçadas de extinção, analise as proposições:

   I. Uma espécie que foi classificada como Criticamente em Perigo – CR tem risco de extinção mínimo.

   II. Uma espécie que foi classificada como Em Perigo – EN risco de extinção extremo.

   III. Uma espécie que foi classificada como Vulnerável – VU tem risco de extinção alto.

   Está(ão) correta(s):

   a. somente a opção I.

   b. somente a opção II.

   c. somente a opção III.

   d. somente as opções I e II.

   e. somente as opções I e III.

4. Marque V (verdadeiro) ou F (falso) e, em seguida, assinale a alternativa correta:

   ( ) Nem sempre, quando da criação das reservas extrativas – Resex, o governo resolve todos os problemas ambientais da área de interesse, o que resulta mais tarde em conflitos entre as comunidades.

   ( ) É permitido o desenvolvimento de projetos sustentáveis nas Resex pelo fato de elas serem unidades de uso sustentável.

   ( ) Um dos problemas que as comunidades tradicionais enfrentam nas Resex são os conflitos com os madeireiros.

   a. V, V, V.

   b. V, F, F.

   c. F, V, F.

   d. F, F, V.

   e. F, F, F.

5. Considerando-se o manejo sustentável com ciclo de corte de 35 anos, quantos hectares terá na parcela de uma área total de 17.500 ha?

a. 350.

b. 450.

c. 500.

d. 550.

e. 600.

Questões para reflexão

1. As categorias Criticamente em Perigo (CR), Em Perigo (EN) e Vulnerável (VU) são critérios adotados por qual instituição? (Adaptado de Silva; Rofrigues; Miceli, 2014).

a. Fundo Internacional para a Conservação da Natureza (WWF).

b. Instituto Brasileiro do Meio Ambiente e dos Recursos Naturais (Ibama).

c. União Internacional para a Conservação da Natureza (IUCN).

d. Instituto Chico Mendes de Conservação da Biodiversidade (ICMBio).

e. Programa das Nações Unidas para o Meio Ambiente (Pnuma).

2. (Cespe – 2010 – MPU) Marque CERTO ou ERRADO:

( ) O zoneamento de usos e atividades na zona costeira é definido pelo Plano Nacional de Gerenciamento Costeiro – PNGC, instituído em lei específica.

( ) As ações voltadas à conservação do patrimônio espeleológico e da fauna ameaçada de extinção devem ser integradas às políticas de incentivo ao turismo.

Capítulo 6

Da Rio-92 às políticas públicas para a biodiversidade

Conteúdos do capítulo

- A Rio-92 e a biodiversidade.
- Convenção sobre Diversidade Biológica – CDB.
- COP 10.
- Rio+20.
- Política Nacional da Biodiversidade.
- Programa Nacional da Diversidade Biológica – Pronabio.
- Comissão Nacional de Biodiversidade – Conabio.
- Áreas prioritárias para a conservação da biodiversidade.
- Plano de Ação para Implementação da Política Nacional da Biodiversidade – Pan-Bio.

Após o estudo deste capítulo, você será capaz de:

1. identificar os principais eventos sobre diversidade biológica ocorridos no mundo;
2. avaliar como as políticas públicas podem ser aplicadas para a gestão da biodiversidade;
3. compreender como a CDB vem promovendo ações para a preservação e a conservação da diversidade biológica;
4. compreender as áreas prioritárias para a conservação da biodiversidade e o Pan-Bio.

6.1 A Rio-92 e a diversidade biológica

No ano de 1992, na cidade do Rio de Janeiro, a Conferência das Nações Unidas sobre Meio Ambiente e Desenvolvimento, a Rio-92, colocou no eixo principal de discussão o desenvolvimento sustentável e, assim, a partir desse evento, o termo *sustentabilidade* passou a ser determinante nas políticas públicas da maioria dos países do mundo.

Foram assinados diversos documentos importantes nessa conferência, entre eles a Agenda 21, que propôs uma metodologia voltada à conservação ambiental, aliando o crescimento econômico com a justiça social (Ballão; Silva, 2012).

A Agenda 21 não é obrigatória, mas a adesão a ela propicia o uso racional dos recursos naturais, a educação ambiental e a inclusão da gestão ambiental no contexto das políticas públicas. Em relação à biodiversidade, a Agenda 21, ao prever ações para o desenvolvimento sustentável para o século XXI, assegura a conservação dos recursos naturais disponíveis, utilizando-os de forma a garanti-los às gerações futuras.

O documento, organizado em 40 capítulos, estrutura-se em quatro seções: "Dimensões sociais e econômicas", parte que explicita e define como as políticas internacionais podem auxiliar os países pobres a alcançar o desenvolvimento sustentável, bem como as estratégias para combater a pobreza e a miséria, entre outras; "Conservação e gestão dos recursos para o desenvolvimento", que relaciona o correto manejo dos recursos naturais e dos resíduos e substâncias tóxicas; "Fortalecimento do papel dos principais grupos sociais", que evidencia as ações para promover a participação dos diferentes segmentos sociais nos processos decisórios, tais como indígenas, organizações não governamentais – ONGs, trabalhadores e sindicatos, comunidades científica e tecnológica, agricultores e empresários do comércio e da indústria; e "Meio de implementação", que trata dos mecanismos financeiros e instrumentos jurídicos nacionais e internacionais para a sustentabilidade. Em síntese, a Agenda 21 define as ações que os governos e a sociedade em geral podem realizar a fim de alcançar a sustentabilidade com a inclusão social.

Enquanto a Agenda 21 previa o desenvolvimento sustentável para garantir a conservação dos recursos naturais, outro documento de máxima

Da Rio-92 às políticas públicas para a biodiversidade

importância global era assinado pelas partes para proteger a biodiversidade: a Convenção sobre Diversidade Biológica, assunto que será abordado no próximo tópico.

6.1.1 Convenção sobre Diversidade Biológica

Assinada inicialmente pela maioria absoluta dos países participantes da Rio-92, a Convenção sobre Diversidade Biológica – CDB é um dos mais importantes fóruns internacionais sobre o meio ambiente com a finalidade de se garantir a biodiversidade planetária.

A CDB considera a biodiversidade em três níveis – ecossistemas, espécies e recursos genéticos – e objetiva a conservação da biodiversidade, o uso sustentável de seus componentes e a repartição justa e equitativa dos benefícios da utilização dos recursos genéticos.

Cada estado da União tem o direito soberano de explorar seus próprios recursos, respeitando suas políticas ambientais, bem como a responsabilidade de assegurar que atividades sob sua jurisdição, ou mesmo seu controle, não causem danos ao meio ambiente de outros estados ou de áreas além dos limites da jurisdição nacional (Brasil, 2006c).

É de responsabilidade de cada parte contratante desenvolver estratégias, planos ou programas para a conservação e o uso sustentável da diversidade biológica, integrando-os em planos, programas e políticas setoriais ou pertinentes. Cabe ainda à parte contratante identificar e monitorar os componentes de sua diversidade biológica que são importantes para a conservação e a utilização sustentável, além das atividades que causem impactos negativos sobre esses sistemas. Também deve implantar áreas de proteção e conservação de biodiversidade, bem como disciplinar o uso das áreas adjacentes dessas unidades de conservação.

> **Para saber mais**
>
> **Para conhecer na íntegra o texto da CDB, acesse:**
>
> CBD – Convention on Biological Diversity. Disponível em: <http://www.cbd.int>. Acesso em: 29 maio 2014.

É de responsabilidade das partes recuperar ecossistemas degradados e de espécies ameaçadas e também promover a conservação das comunidades tradicionais e de seus costumes e conhecimentos.

E como funciona a CDB?

A CDB é mantida pelas partes contratantes, isto é, os países-membros, cujo órgão soberano e decisório é a Conferência das Partes (COP), que teve seu primeiro encontro em 1994, a princípio planejado para ocorrer anualmente, mas que, após 1996, passou a acontecer a cada dois anos. Nas reuniões periódicas da COP são desenvolvidas ações estratégicas, avaliações, ratificações de acordos sobre a biodiversidade e discussões sobre os mais variados temas (como aqueles tratados no Rio-92).

A COP é uma reunião dos 193 países-membros, considerando-se o bloco regional, e dos países observadores, isto é, que não assinaram ou ratificaram o documento, além de representantes da Organização das Nações Unidas – ONU, ONGs, entidades empresariais, acadêmicas, entre outras. Enfim, é a alta cúpula mundial com poder de decidir sobre as questões da diversidade no planeta.

As decisões tomadas na COP são orientadas pelo Órgão Subsidiário de Assessoramento Científico, Técnico e Tecnológico – SBSTTA. Esses trabalhos resultam em protocolos, programas e metas específicas relacionados à biodiversidade.

Um importantíssimo protocolo elaborado pela COP é o Protocolo de Cartagena sobre Biossegurança, aprovado em 2000, mas que entrou em vigor em 2003, o qual trata dos organismos modificados geneticamente. Na prática, os países signatários podem proibir a entrada desses organismos transgênicos em seus territórios.

> **Para saber mais**
>
> **Para conhecer o *Handbook da CDB*, acesse:**
>
> CBD – Convention on Biological Diversity. **CBD Handbook**. Montreal, 2005. Disponível em: <http://www.cbd.int/handbook/default.asp>. Acesso em: 29 maio 2014.

Em 2006, a COP foi realizada na cidade de Curitiba, Estado do Paraná, conhecida como COP8. Na ocasião, tomaram-se decisões acerca de biodiversidade de ilhas, diversidade biológica de terras áridas e subúmidas, iniciativa global de taxonomia, acesso e repartição de benefícios oriundos da biodiversidade, entre outros aspectos.

A COP compila suas decisões e seus resultados no *CBD Handbook*, que fica disponibilizado para o público.

Da Rio-92 às políticas públicas para a biodiversidade

A cada encontro a COP tem um tema específico a ser abordado. Assim, entre os dias 6 e 17 de outubro de 2014, na Coreia, a COP12 terá como tema global *island biodiversity*, em razão das peculiaridades que as ilhas apresentam em sua biodiversidade.

6.1.1.1 COP10

Em 2010, a COP reuniu-se em Nagoia, Japão, e teve como principais decisões a assinatura por parte dos países-membros do Protocolo de Nagoya, que trata do acesso aos recursos genéticos e da repartição justa e equitativa dos benefícios advindos de sua utilização, também conhecido pela sigla ABS.

Em linhas gerais, o protocolo estabelece as bases legais para a pesquisa biotecnológica e prevê a distribuição desses recursos e produtos oriundos das pesquisas em biodiversidade. Os países em desenvolvimento, como o Brasil, acabaram por ser de certa forma favorecidos, uma vez que detêm grande parte da diversidade biológica do planeta.

Na prática, o lucro obtido com os produtos à base dos recursos genéticos deve ser dividido com a população que os maneja, estimulando as pesquisas e o desenvolvimento tecnológico. O protocolo, portanto, reconhece a soberania das nações detentoras dos recursos e estabelece mecanismos e critérios que orientam e asseguram que o acesso aos recursos genéticos se dê mediante conhecimento e consentimento prévio. Também ficaram assegurados os direitos das comunidades tradicionais, como os povos indígenas, sobre os conhecimentos associados a esses recursos.

Com esse protocolo, espera-se acabar com a biopirataria, situação em que pesquisadores se infiltram nos países com alta biodiversidade e acabam por obter patentes de produtos oriundos da diversidade genética, sem dar crédito ao país de origem.

> **Para saber mais**
>
> **Acesse o texto do Protocolo de Nagoya em:**
>
> CBD – Convention on Biological Diversity. **The Nagoya Protocol on Access and Benefit-sharing.** Disponível em: <http://www.cbd.int/abs>. Acesso em: 29 maio 2014.

Além disso, estabeleceu-se o Plano Estratégico para o período de 2011 a 2020 (Década da Biodiversidade), visando às ações para a redução da perda da biodiversidade, como mencionado anteriormente. Incluem-se ainda na COP10 algumas medidas a fim de que os recursos financeiros sejam liberados para utilização em ações de conservação da biodiversidade.

6.2 Rio+20

O desenvolvimento sustentável voltou à cena em 2012, 20 anos após a Rio-92, com a Conferência das Nações Unidas sobre Desenvolvimento Sustentável – CNUDS, também conhecida como *Rio+20*, evento que ocorreu num período em que, no Brasil, se discutiam a reforma do Código Florestal e os agravantes propostos pela bancada ruralista do governo na diminuição das áreas de preservação permanente e de reserva legal, propondo que algumas dessas áreas pudessem ser mais bem aproveitadas com o plantio de espécies de valor econômico.

Na Rio+20, em contrapartida, discutiram-se as medidas que deveriam ser tomadas para se atingir a sustentabilidade com a economia verde, bem como o combate à pobreza, propondo-se ações relacionadas às políticas públicas.

Dentre os acordos entre os países participantes, destacam-se a elaboração de estratégia de financiamento para o desenvolvimento sustentável e também um quadro de medidas para tornar mais sustentável o consumo dos países, de modo a alterar seus padrões dentro dos próximos dez anos.

A Rio+20 também representou um grande passo no encorajamento de empresas de capital aberto e de grandes companhias para aderirem à sustentabilidade empresarial, integrando informações de cunho sustentável em seus relatórios periódicos.

O ramo empresarial teve grande importância nesse evento, ao declarar que algumas empresas estão tomando medidas para atenuar atividades de impacto no meio ambiente com ações compensatórias ou mesmo para efetivar mudanças de processos na fabricação de seus produtos.

Para saber mais

Para conhecer os principais acordos obtidos na Rio+20, acesse:

RIO+20 – Conferência das Nações Unidas sobre Desenvolvimento Sustentável. Disponível em: <http://www.rio20.gov.br>. Acesso em: 29 maio 2014.

Da Rio-92 às políticas públicas para a biodiversidade

6.3 Política Nacional da Biodiversidade

O Decreto n. 4.339, de 22 de agosto de 2002 (Brasil, 2002), instituiu os princípios e as diretrizes para a implementação da Política Nacional da Biodiversidade – PNB, cujos princípios e diretrizes se baseiam no documento base da CDB, aprovado na Rio-92. A PNB tem 20 princípios:

I – a diversidade biológica tem valor intrínseco, merecendo respeito independentemente de seu valor para o homem ou potencial para uso humano;

II – as nações têm o direito soberano de explorar seus próprios recursos biológicos, segundo suas políticas de meio ambiente e desenvolvimento;

III – as nações são responsáveis pela conservação de sua biodiversidade e por assegurar que atividades sob sua jurisdição ou controle não causem dano ao meio ambiente e à biodiversidade de outras nações ou de áreas além dos limites da jurisdição nacional;

IV – a conservação e a utilização sustentável da biodiversidade são uma preocupação comum à humanidade, mas com responsabilidades diferenciadas, cabendo aos países desenvolvidos o aporte de recursos financeiros novos e adicionais e a facilitação do acesso adequado às tecnologias pertinentes para atender às necessidades dos países em desenvolvimento;

V – todos têm direito ao meio ambiente ecologicamente equilibrado, bem de uso comum do povo e essencial à sadia qualidade de vida, impondo-se ao Poder Público e à coletividade o dever de defendê-lo e de preservá-lo para as presentes e as futuras gerações;

VI – os objetivos de manejo de solos, águas e recursos biológicos são uma questão de escolha da sociedade, devendo envolver todos os setores relevantes da sociedade e todas as disciplinas científicas e considerar todas as formas de informação relevantes, incluindo os conhecimentos científicos, tradicionais e locais, inovações e costumes;

VII – a manutenção da biodiversidade é essencial para a evolução e para a manutenção dos sistemas necessários à vida da biosfera e, para tanto, é necessário garantir e promover a capacidade de reprodução sexuada e cruzada dos organismos;

VIII – onde exista evidência científica consistente de risco sério e irreversível à diversidade biológica, o Poder Público determinará medidas eficazes em termos de custo para evitar a degradação ambiental;

IX – a internalização dos custos ambientais e a utilização de instrumentos econômicos será promovida tendo em conta o princípio de que o poluidor deverá, em princípio, suportar o custo da poluição, com o devido respeito pelo interesse público e sem distorcer o comércio e os investimentos internacionais;

X – a instalação de obra ou atividade potencialmente causadora de significativa degradação do meio ambiente deverá ser precedida de estudo prévio de impacto ambiental, a que se dará publicidade;

XI – o homem faz parte da natureza e está presente nos diferentes ecossistemas brasileiros há mais de dez mil anos, e todos estes ecossistemas foram e estão sendo alterados por ele em maior ou menor escala;

XII – a manutenção da diversidade cultural nacional é importante para pluralidade de valores na sociedade em relação à biodiversidade, sendo que os povos indígenas, os quilombolas e as outras comunidades locais desempenham um papel importante na conservação e na utilização sustentável da biodiversidade brasileira;

XIII – as ações relacionadas ao acesso ao conhecimento tradicional associado à biodiversidade deverão transcorrer com consentimento prévio informado dos povos indígenas, dos quilombolas e das outras comunidades locais;

XIV – o valor de uso da biodiversidade é determinado pelos valores culturais e inclui valor de uso direto e indireto, de opção de uso futuro e, ainda, valor intrínseco, incluindo os valores ecológico, genético, social, econômico, científico, educacional, cultural, recreativo e estético;

Da Rio-92 às políticas públicas para a biodiversidade

XV – a conservação e a utilização sustentável da biodiversidade devem contribuir para o desenvolvimento econômico e social e para a erradicação da pobreza;

XVI – a gestão dos ecossistemas deve buscar o equilíbrio apropriado entre a conservação e a utilização sustentável da biodiversidade, e os ecossistemas devem ser administrados dentro dos limites de seu funcionamento;

XVII – os ecossistemas devem ser entendidos e manejados em um contexto econômico, objetivando:

a) reduzir distorções de mercado que afetam negativamente a biodiversidade;

b) promover incentivos para a conservação da biodiversidade e sua utilização sustentável; e

c) internalizar custos e benefícios em um dado ecossistema o tanto quanto possível;

XVIII – a pesquisa, a conservação *ex situ* e a agregação de valor sobre componentes da biodiversidade brasileira devem ser realizadas preferencialmente no país, sendo bem-vindas as iniciativas de cooperação internacional, respeitados os interesses e a coordenação nacional;

XIX – as ações nacionais de gestão da biodiversidade devem estabelecer sinergias e ações integradas com convenções, tratados e acordos internacionais relacionados ao tema da gestão da biodiversidade; e

XX – as ações de gestão da biodiversidade terão caráter integrado, descentralizado e participativo, permitindo que todos os setores da sociedade brasileira tenham, efetivamente, acesso aos benefícios gerados por sua utilização.

Esses princípios norteadores da PNB são base dos programas e projetos de biodiversidade realizados no território brasileiro, cujo objetivo é a "promoção, de forma integrada, da conservação da biodiversidade e da utilização sustentável de seus componentes, com a repartição justa e equitativa dos benefícios derivados da utilização dos recursos genéticos, de componentes do patrimônio genético e dos conhecimentos tradicionais associados a esses recursos" (Brasil, 2002).

A PNB abrange sete componentes, que constituem os eixos temáticos de sua implementação:

I. Conhecimento da Biodiversidade, que está relacionado à obtenção de informações sobre a biodiversidade do país;

II. Conservação da Biodiversidade, que engloba as diretrizes de conservação *in situ* e *ex situ* da variabilidade genética e seus serviços ambientais, considerando-se o potencial econômico;

III. Utilização Sustentável dos Componentes da Biodiversidade, que inclui os instrumentos econômicos em face do desenvolvimento sustentável;

IV. Monitoramento, Avaliação, Prevenção e Mitigação de Impactos sobre a Biodiversidade;

V. Acesso aos Recursos Genéticos e aos Conhecimentos Tradicionais Associados e Repartição de Benefícios, tópico que tem como premissa a repartição equitativa dos recursos genéticos, incluindo as comunidades tradicionais;

VI. Educação, Sensibilização Pública, Informação e Divulgação sobre Biodiversidade;

VII. Fortalecimento Jurídico e Institucional para a Gestão da Biodiversidade, que sintetiza os meios de implementação da política da biodiversidade.

É o Ministério do Meio Ambiente – MMA, ao lado do Programa Nacional da Diversidade Biológica – Pronabio, que deve coordenar a PNB.

6.3.1 Programa Nacional da Diversidade Biológica – Pronabio

O Pronabio, instituído pelo Decreto n. 1.354, de 29 de dezembro de 1994, e alterado em 2003 pelo Decreto n. 4.703 (Brasil, 2003a), tem por objetivo principal orientar a elaboração e a implantação da PNB, respeitando seus princípios e suas diretrizes e promovendo parceria com a sociedade civil para o conhecimento e a conservação da biodiversidade.

Da Rio-92 às políticas públicas para a biodiversidade

Além disso, o programa deve promover a implementação dos compromissos assumidos pelo Brasil na CDB e a elaboração dos respectivos relatórios, bem como as ações, os projetos, as pesquisas e os estudos para produzir e disseminar informações sobre a biodiversidade, além de estimular a capacitação de recursos humanos, o fortalecimento institucional e a sensibilização pública quanto à diversidade biológica e seu uso sustentável, entre outros objetivos.

O financiamento do Pronabio é feito por meio dos recursos do Tesouro Nacional e outros captados no país e no exterior com órgãos governamentais e privados.

O citado decreto também instituiu a Comissão Nacional de Biodiversidade – Conabio, que é constituída por representantes de órgãos governamentais e organizações da sociedade civil, sendo presidida pelo secretário de Biodiversidade e Florestas do MMA.

Entre os principais objetivos da Conabio está o de promover a implementação dos compromissos assumidos pelo Brasil com a CDB, coordenar a elaboração da PNB e identificar e propor ações prioritárias para pesquisa, conservação e uso sustentável dos componentes da biodiversidade.

> **Para saber mais**
>
> **Para saber mais sobre o Pronabio e a Conabio, acesse:**
>
> BRASIL. Decreto n. 4.703, de 21 de maio de 2003. **Diário Oficial da União**, Poder Executivo, Brasília, DF, 22 maio 2003. Disponível em: <http://www.planalto.gov.br/ccivil_03/decreto/2003/D4703.htm>. Acesso em: 20 jan. 2014.

6.3.2 Áreas prioritárias para a conservação da biodiversidade

O Decreto n. 5.092, de 21 de maio de 2004 (Brasil, 2004d), definiu as regras para a identificação de áreas prioritárias para a conservação, utilização sustentável e repartição dos benefícios da biodiversidade, tomando-se como base, para isso, o conjunto de biomas brasileiros: Amazônia, Cerrado e Pantanal, Caatinga, Mata Atlântica e Campos Sulinos e Zona Costeira Marinha.

A Portaria n. 126 do MMA, de 27 de maio 2004 (Brasil, 2004e), tratava das áreas prioritárias para a conservação, utilização sustentável e repartição de benefícios da biodiversidade brasileira, porém, em 2007, foi editada a Portaria n. 9, de 23 de janeiro de 2007 (Brasil, 2007), que a revogou.

Na mesma portaria, em seu art. 1º, definiu-se que as áreas prioritárias deveriam ser voltadas à:

I – conservação *in situ* da biodiversidade;

II – utilização sustentável de componentes da biodiversidade;

III – repartição de benefícios derivados do acesso a recursos genéticos e ao conhecimento tradicional associado;

IV – pesquisa e inventários sobre a biodiversidade;

V – recuperação de áreas degradadas e de espécies sobreexploradas ou ameaçadas de extinção; e

VI – valorização econômica da biodiversidade. (Brasil, 2007)

As áreas prioritárias devem ser periodicamente revistas pela Conabio. Vale ainda destacar que o fato de determinada região não estar inserida como área prioritária não significa que não tenha valor biológico.

As áreas identificadas como prioritárias enquadram-se nas seguintes classes de importância biológica e de priorização de ações:

I. Classes de importância biológica:

a) extremamente alta;

b) muito alta;

c) alta;

d) insuficientemente conhecida.

II. Classes de prioridade de ação:

a) extremamente alta;

b) muito alta;

c) alta.

> **Perguntas & respostas**
>
> **Qual é o prazo máximo para revisão das áreas prioritárias para a conservação da biodiversidade?**
>
> As áreas prioritárias devem ser revistas em um prazo não superior a cinco anos.

As políticas públicas para os povos indígenas e as comunidades beneficiárias da reforma agrária ou da agricultura familiar devem ser mantidas durante a delimitação e a priorização das áreas prioritárias.

Da Rio-92 às políticas públicas para a biodiversidade

Foram definidas as áreas prioritárias após estudos em que são diagnosticados sua importância biológica, seus graus de endemismo, os perigos de degradação, a recuperação de ecossistemas e outros fatores, enquadrando-as nas classes de importância e de prioridade.

6.3.3 Plano de Ação para Implementação da Política Nacional da Biodiversidade – PAN-Bio

> **Para saber mais**
>
> **Para conhecer as áreas prioritárias, acesse o portal do MMA:**
>
> BRASIL. Ministério do Meio Ambiente. **Mapa das áreas prioritárias**. Disponível em: <http://www.mma.gov.br/biodiversidade/biodiversidade-brasileira/áreas-prioritárias/item/476>. Acesso em: 29 maio 2014.

O PAN-Bio fornece as diretrizes e as prioridades para a proteção e conservação da diversidade biológica (Brasil, 2006b).

A elaboração do PAN-Bio envolveu quatro etapas:

1. levantamento de informações;

2. consulta pública;

3. reunião para elaboração do plano;

4. consolidação das ações propostas.

O PAN-Bio baseia-se nos sete componentes da PNB. Inicialmente, levantaram-se as informações relativas à gestão da biodiversidade no país, tais como planos, programas, projetos e legislação, além de questões econômicas, como as fontes de recursos que serviram como base para a formulação de um mapeamento das lacunas existentes relacionadas à gestão da biodiversidade brasileira. Essas informações compiladas foram disponibilizadas para consulta pública aberta à proposição de iniciativas para a gestão da biodiversidade, o que resultou no total de 780 iniciativas.

Depois disso, foi realizada uma reunião em que se discutiram as ações prioritárias e os indicadores, resultando em 494 ações. Durante o processo de consolidação, essas ações foram agrupadas de acordo com os componentes da PNB e avaliadas pela Conabio, que as resumiu em 156 ações, sendo classificadas conforme a viabilidade: sem custo – 0; baixo custo – 1; médio custo – 2; alto custo – 3.

Finalmente, após diversas reuniões da Conabio, o documento final foi aprovado com 142 ações, considerando-se os componentes da CDB, na 9ª Reunião Extraordinária da Conabio, em 2006 (Brasil, 2007).

> **Para saber mais**
>
> Você pode conhecer todas as ações propostas para o PAN-Bio acessando:
>
> BRASIL. Ministério do Meio Ambiente. Secretaria de Biodiversidade e Florestas. **Diretrizes e Prioridades do Plano de Ação para Implementação da Política Nacional da Biodiversidade – PAN-Bio**. Brasília, 2006 Disponível em: <http://www.mma.gov.br/estruturas/chm/_arquivos/panbio%20final.pdf>. Acesso em: 29 maio 2014.

O Sistema de Gestão do PAN-Bio detalha como deve acontecer a articulação dos atores envolvidos, considerando as esferas do governo e os representantes da sociedade civil e do setor privado para a consecução das ações propostas. Esse sistema pretende atingir os três Poderes – Executivo, Legislativo e Judiciário –, de modo a promover a transversalidade do tema *biodiversidade*.

Dessa forma, o Sistema de Gestão da Biodiversidade no âmbito do PAN-Bio deve ser cíclico, retroalimentado, evitando a pulverização das informações sobre biodiversidade e otimizando a tomada de decisão (Brasil, 2006b), conforme ilustrado na Figura 6.1.

Da Rio-92 às políticas públicas para a biodiversidade

Figura 6.1 – Sistema de Gestão do Plano de Ação para Implementação da Política Nacional da Biodiversidade – PAN-Bio

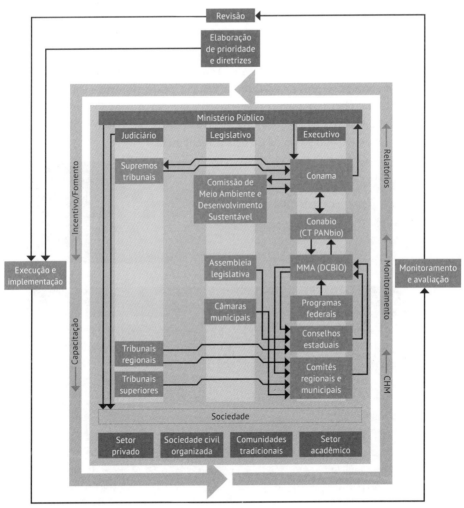

Fonte: Adaptado de Brasil, 2006c.

Além desse plano de ação, o MMA tem desenvolvido o Projeto de Conservação e Utilização Sustentável da Diversidade Biológica Brasileira – Probio, que é coordenado pelo MMA em parceria com o Conselho Nacional de Desenvolvimento Científico e Tecnológico – CNPq.

O Probio é um mecanismo que auxilia técnica e financeiramente a implementação do Pronabio, identificando ações prioritárias e estimulando projetos e parcerias entre os setores públicos e privados.

O Probio II, por sua vez, é o Projeto Nacional de Ações Integradas Público-Privadas para Biodiversidade, que tenta transformar em modelos sustentáveis os atuais modelos de produção, consumo e ocupação, considerando os setores de agricultura, ciência, pesca, floresta e saúde. Para tanto, o Probio II estabelece parcerias com diversos órgãos do governo, tais como o Ministério da Agricultura, Pecuária e Abastecimento, o Ministério da Saúde e o Ministério da Ciência e Tecnologia.

Para saber mais

Para saber mais sobre o Probio II, acesse:

BRASIL. Ministério do Meio Ambiente. **Probio II**. Disponível em: <http://www.mma. gov.br/biodiversidade/projetos-sobre-a-biodiveridade/projeto-nacional-de-ações-integradas-público-privadas-para-biodiversidade-probio-ii>. Acesso em: 29 maio 2014.

Síntese

Durante a Rio-92, vários documentos foram assinados pelos países participantes, destacando-se a Agenda 21, que trata das ações a serem tomadas para o século XXI, a fim de que se atinja a sustentabilidade com justiça social, e a Convenção sobre Diversidade Biológica, que versa sobre como repartir os recursos genéticos de forma equitativa e, ao mesmo tempo, preservá-los. As decisões sobre as questões de biodiversidade são realizadas pela Conferência das Partes – COP, que acontece a cada dois anos e tem desenvolvido importantes instrumentos de gestão da diversidade biológica, como o Protocolo de Nagoya, que regulamenta as pesquisas com os recursos genéticos. O Programa Nacional da Diversidade Bilógica – Pronabio e a Comissão Nacional de Biodiversidade – Conabio são as instâncias governamentais que implementam no país as decisões tomadas durante a COP. A definição das áreas prioritárias para a conservação da biodiversidade leva em conta diversos fatores sobre os biomas brasileiros, enquanto o Plano de Ação para Implementação da Política Nacional da Biodiversidade – PAN-Bio é um sistema de gestão que envolve a transversalidade do tema *biodiversidade* entre os Poderes Executivo, Legislativo e Judiciário, bem como toda a sociedade.

Da Rio-92 às políticas públicas para a biodiversidade

Questões para revisão

1. Explique a importância do Protocolo de Nagoya para o combate da biopirataria.

2. Em relação às implicações diplomáticas, como os países podem se precaver dos organismos transgênicos?

3. As áreas prioritárias devem ser voltadas para:

   I. valorização econômica da biodiversidade;

   II. utilização sustentável de componentes da biodiversidade;

   III. conservação *ex situ* da biodiversidade.

Está(ão) correta(s):

   a. somente a opção I.

   b. somente a opção II.

   c. somente a opção III.

   d. somente as opções I e II.

   e. somente as opções I e III.

4. As áreas prioritárias tiveram como embasamento os biomas brasileiros, **exceto**:

   a. Amazônia.

   b. Cerrado.

   c. Pantanal.

   d. Zona Costeira Marinha.

   e. Nenhuma das alternativas anteriores.

5. Todas as alternativas abaixo tiveram a biodiversidade como o tema central, **exceto**:

   a. Protocolo de Nagoya.

   b. Protocolo de Kyoto.

   c. Protocolo de Cartagena.

   d. Nenhuma das alternativas anteriores.

Questões para reflexão

1. (Cespe – 2008 – MMA) Marque CERTO ou ERRADO:

   ( ) Entre os objetivos da Política Nacional do Meio Ambiente, incluem-se a compatibilização do desenvolvimento econômico e social, com a preservação da qualidade do meio ambiente e do equilíbrio ecológico e o estabelecimento de critérios e padrões da qualidade ambiental e de normas relativas ao uso e ao manejo de recursos ambientais. Ambos são compatíveis com o contexto da aprovação da lei citada no texto.

2. Assinale a alternativa CORRETA (Silva; Rodrigues; Miceli, 2014):

   a. A Convenção da Biodiversidade proíbe os países signatários de importarem alimentos que não tenham certificação ambiental.

   b. A Rio-92 proibiu o uso de agrotóxicos por eles prejudicarem os ecossistemas.

   c. Os alimentos transgênicos são uma forma segura de acabar com a fome do mundo, logo que não precisam do uso de agrotóxicos para sua produção.

   d. A Convenção da Biodiversidade permite aos países signatários a proibição da entrada dos OMG que possam causar danos à sua riqueza genética.

   e. A Convenção Sobre Mudanças Climáticas foi assinada por todos os países participantes da Rio-92.

Para concluir...

Após concluir a leitura deste livro, espera-se que você seja capaz de compreender o valor de existência, que é intrínseco às espécies, e associar a gestão administrativa de qualquer tipologia aos serviços prestados pela biodiversidade às atividades humanas.

Assim, com base nas discussões aqui feitas, você está habilitado a laborar com as questões de conservação da natureza, bem como a avaliar as alternativas de projetos no que concerne à sua localização, instalação, processos e operação de empreendimentos em face da proteção ambiental. Está também capacitado a avaliar as ferramentas disponíveis no mercado para a gestão da biodiversidade e como podem ajudar a sustentar a diversidade biológica em nível local, regional ou global. Além disso, está inserido nos estudos da biologia da conservação, compreendendo as interações entre os ecossistemas e seus biomas, assim como tem ciência das principais atividades antrópicas e de seus efeitos sobre a extinção das espécies. Sabe ainda que muitas espécies estão sob ameaça de desaparecimento no planeta e quais ações estão sendo tomadas para tentar reverter esse quadro perturbador.

Por fim, agora que já leu este livro, você é capaz de compreender que nós, seres humanos, fazemos parte da biodiversidade e que não somos donos de nada. Portanto, se não modificarmos nossos hábitos e costumes, estaremos condenando todos a um futuro sombrio e perigoso. Precisamos tomar medidas urgentes para conscientizar as pessoas do correto gerenciamento dos recursos naturais disponíveis, com o intuito de criar no mundo um lugar melhor para nós, autor e leitor, e para toda a raça humana.

Referências

ABNT – Associação Brasileira de Normas Técnicas. **NBR ISSO 14020**: Rótulos e declaração ambientais – princípios gerais. Rio de Janeiro, 2002.

BALLÃO, C. **Plano diretor**. Curitiba: IFPR, 2011.

BALLÃO, C.; SILVA, C. A. **Plano diretor**. Curitiba: IFPR, 2012.

BARRETO, P. et al. Risco de desmatamento associado à hidrelétrica de Belo Monte. **Imazon**, 2011. Disponível em: < http://www.imazon.org.br/publicacoes/livros/risco-de-desmatamento-associado-a-hidreletrica-de-belo-monte-1>. Acesso em: 1 out. 2014.

BARROS, R. S. M. **Medidas de diversidade biológica**. Juiz de Fora: PGEcol, 2007.

BENSUSAN, N. Com carne e com floresta. **O Globo**, 31 jan. 2013. Disponível em: <http://oglobo.globo.com/blogs/nossoplaneta/posts/2013/01/31/com-carne-com-floresta-484557.asp>. Acesso em: 29 maio 2014.

BÍBLIA (Novo Testamento). Gênesis. Português. **Bíblia Online**. Cap. 1, vers. 1-31. Disponível em: <https://www.bibliaonline.com.br/acf/gn/1>. Acesso em: 2 jun. 2014.

BIOSFERATV. **Vídeo oficial Dia da Biodiversidade**. Campinas, 21 maio 2010. Disponível em: <http://www.youtube.com/watch?v=ccgBcOF_1Ws&feature=player_detailpage>. Acesso em: 30 maio 2014.

BMU – Bundesministerium für Umwelt, Naturschutz, Bau und Reaktorsicherheit. **Manual de gestão da biodiversidade pelas empresas**: guia prático de implementação. Berlim, 2010. Disponível em: <http://issuu.com/karynabahiense/docs/manual_de_gest_o_da_biodiversidade_pelas_empresas>. Acesso em: 16 jul. 2014.

BORGES, S. et al. Uso de sistema de informação geográfica para avaliar a representatividade de áreas protegidas do Estado do Amazonas na conservação de espécies de primatas. In: SIMPÓSIO BRASILEIRO DE SENSORIAMENTO REMOTO, 13., 2007, Florianópolis. **Anais...** Florianópolis: Inpe, 2007. p. 3097-3104. Disponível em: <http://marte.sid.inpe.br/col/dpi.inpe.br/sbsr@80/2006/11.14.20.27/doc/3097-3104.pdf>. Acesso em: 16 jul. 2014.

BRASIL. Decreto n. 4.339, de 22 de agosto de 2002. **Diário Oficial da União**, Poder Executivo, Brasília, DF, 23 ago. 2002. Disponível em: <http://www.planalto.gov.br/ccivil_03/decreto/2002/D4339.htm>. Acesso em: 20 jan. 2014.

BRASIL. Decreto n. 4.703, de 21 de maio de 2003. Diário Oficial da União, Poder Executivo, Brasília, DF, 22 maio 2003a. Disponível em: <http://www.planalto. gov.br/ccivil_03/decreto/2003/D4703.htm>. Acesso em: 20 jan. 2014.

_____. Decreto n. 5.092, de 21 de maio de 2004. Diário Oficial da União, Poder Executivo, Brasília, DF, 24 maio 2004a. Disponível em: <http://www.planalto. gov.br/ccivil_03/_ato2004-2006/2004/decreto/d5092.htm>. Acesso em: 21 jan. 2014.

_____. Decreto n. 5.300, de 7 de dezembro de 2004. Diário Oficial da União, Poder Executivo, Brasília, DF, 8 dez. 2004b. Disponível em: <http://www.planalto. gov.br/ccivil_03/_ato2004-2006/2004/decreto/D5300.htm>. Acesso em: 17 jan. 2014.

_____. Lei n. 10.257, de 10 de julho de 2001. Diário Oficial da União, Brasília, DF, Poder Legislativo, 11 jul. 2001. Disponível em: <http://www.planalto.gov.br/ ccivil_03/leis/leis_2001/l10257.htm>. Acesso em: 15 fev. 2014.

_____. Lei n. 11.284, de 2 de março de 2006. Diário Oficial da União, Poder Legislativo, Brasília, DF, 3 mar. 2006a. Disponível em: <http://www.planalto. gov.br/ccivil_03/_ato2004-2006/2006/lei/l11284.htm>. Acesso em: 3 out. 2014.

_____. Lei n. 11.428, de 22 de dezembro de 2006. Diário Oficial da União, Brasília, Poder Legislativo, Brasília, DF, 26 dez. 2006b. Disponível em: <http://www. planalto.gov.br/ccivil_03/_ato2004-2006/2006/lei/l11428.htm>. Acesso em: 15 fev. 2014.

_____. Lei n. 12.608, de 10 de abril de 2012. Diário Oficial da União, Poder Executivo, Brasília, DF, 11 abr. 2012a. Disponível em: <http://www.planalto. gov.br/ccivil_03/_Ato2011-2014/2012/Lei/L12608.htm>. Acesso em: 3 out. 2014.

_____. Lei n. 12.651, de 25 de maio de 2012. Diário Oficial da União, Poder Legislativo, Brasília, DF, 28 maio 2012b. Disponível em: <http://www. planalto.gov.br/ccivil_03/_ato2011-2014/2012/lei/l12651.htm>. Acesso em: 15 fev. 2014.

_____. Lei n. 12.727, de 17 de outubro de 2012. Diário Oficial da União, Poder Executivo, Brasília, DF, 18 out. 2012c. Disponível em: <http://www.planalto.gov. br/ccivil_03/_ato2011-2014/2012/lei/L12727.htm>. Acesso em: 15 fev. 2014.

BRASIL. Lei n. 6.938, de 31 de agosto de 1981. Diário Oficial da União, Poder Executivo, Brasília, DF, 2 set. 1981. Disponível em: <http://www.planalto.gov.br/ccivil_03/leis/l6938.htm>. Acesso em: 17 nov. 2013.

_____. Lei n. 7.661, de 16 de maio de 1988. Diário Oficial da União, Brasília, DF, 18 maio 1988. Disponível em: <http://www.planalto.gov.br/ccivil_03/leis/l7661.htm>. Acesso em: 17 fev. 2014.

_____. Lei n. 9.985, de 18 de julho de 2000. Diário Oficial da União, Poder Legislativo, Brasília, DF, 19 jul. 2000. Disponível em: <http://www.planalto.gov.br/ccivil_03/leis/l9985.htm>. Acesso em: 20 jan. 2014.

BRASIL. Conselho Empresarial Brasileiro para o Desenvolvimento Sustentável. Biodiversidade e serviços econômicos: a experiência das empresas brasileiras. 2012d. Disponível em: <http://cebds.org.br/wp-content/uploads/2014/02/Biodiversidade-e-servi%C3%A7os-ecossist%C3%AAmicos_2012.pt_.pdf>. Acesso em: 3 out. 2014.

BRASIL. Ministério da Ciência, Tecnologia e Inovação. Instituto Nacional de Pesquisas Espaciais. Disponível em: <http://www.inpe.br>. Acesso em: 30 maio 2014.

BRASIL. Ministério da Educação. Consumo sustentável: manual de educação. Brasília: Consumers International; MMA; MEC; IDEC, 2005. Disponível em: <http://portal.mec.gov.br/dmdocuments/publicacao8.pdf>. Acesso em: 1 out. 2014.

BRASIL. Ministério da Pesca e Aquicultura. Aquicultura. Disponível em: <http://www.mpa.gov.br/index.php/aquiculturampa/informacoes/producao>. Acesso em: 15 fev. 2014a.

BRASIL. Ministério do Desenvolvimento Agrário. Câmara Interministerial de Afroecologia e Produção Orgânica. Planapo. Disponível em: <http://portal.mda.gov.br/portal/institucional/planapo>. Acesso em: 17 fev. 2014b.

BRASIL. Ministério do Meio Ambiente. Agrobiodiversidade. Disponível em: <http://www.mma.gov.br/biodiversidade/conservação-e-promoção-do-uso-da-diversidade-genética/agrobiodiversidade>. Acesso em: 15 jan. 2014c.

_____. Áreas de proteção ambiental. Disponível em: <http://www.mma.gov.br/biodiversidade/projetos-sobre-a-biodiversidade/item/9555>. Acesso em: 3 fev. 2014d.

BRASIL. Ministério do Meio Ambiente. Biodiversidade brasileira. Disponível em: <http://www.mma.gov.br/biodiversidade/biodiversidade-brasileira>. Acesso em: 1 out. 2014e.

_____. Caatinga. Disponível em: <http://www.mma.gov.br/biomas/caatinga>. Acesso em: 13 jan. 2014f.

BRASIL. Ministério do Meio Ambiente. Conselho Nacional do Meio Ambiente. Resolução n. 1, de 23 de janeiro de 1986. Diário Oficial da União, Brasília, DF, 17 fev. 1986. Disponível em: <http://www.mma.gov.br/port/conama/res/res86/res0186.html>. Acesso em: 29 maio 2014.

BRASIL. Ministério do Meio Ambiente. Cuidar das zonas úmidas: uma resposta às mudanças climáticas. Disponível em: <http://www.mma.gov.br/estruturas/205/_publicacao/205_publicacao29112010033202.pdf>. Acesso em: 29 jan. 2014g.

_____. Diretrizes e prioridades do Plano de Ação para Implementação da Política Nacional da Biodiversidade – PAN-Bio. Brasília: MMA, 2006c. Disponível em: <http://www.mma.gov.br/estruturas/chm/_arquivos/panbio%20final.pdf>. Acesso em: 16 jul. 2014.

_____. Espécies exóticas invasoras. Disponível em: <http://www.mma.gov.br/publicacoes/biodiversidade/category/56-especies-exoticas-invasoras>. Acesso em: 12 fev. 2014h.

_____. Espécies exóticas invasoras: situação brasileira. Brasília, 2006d. Disponível em: <http://www.mma.gov.br/estruturas/174/_publicacao/174_publicacao17092009113400.pdf>. Acesso em: 15 jul. 2014.

_____. Fragmentação de ecossistemas: causas, efeitos sobre a biodiversidade e recomendações de políticas públicas. Brasília, 2003b. Disponível em: <http://www.mma.gov.br/estruturas/chm/_arquivos/fragment.pdf>. Acesso em: 16 jul. 2014.

BRASIL. Ministério do Meio Ambiente. Instituto Brasileiro do Meio Ambiente e dos Recursos Naturais Renováveis. Monitoramento da caatinga. Disponível em: <http://siscom.ibama.gov.br/monitorabiomas/caatinga/caatinga.htm>. Acesso em: 14 fev. 2014i.

_____. Reservas extrativistas. Disponível em: <http://www.ibama.gov.br/resex/pop.htm>. Acesso em: 7 fev. 2014j.

BRASIL. Ministério do Meio Ambiente. Instituto Brasileiro do Meio Ambiente e dos Recursos Naturais Renováveis. **Diagnóstico geral das práticas de controle ligadas a exploração, captura, comercialização, exportação e uso de peixes para fins ornamentais e de aquariofilia.** Brasília, 2008. Disponível em: <https://www.ibama.gov.br/phocadownload/recursos_pesqueiros/diagnostico_completo.pdf>. Acesso em: 15 jul. 2014.

____. **Monitoramento do desmatamento nos biomas brasileiros por satélite:** Acordo de Cooperação Técnica MMA/IBAMA – Monitoramento do bioma Pampa 2002-2008. Brasília, 2010. Disponível em: <http://siscom.ibama.gov.br/monitorabiomas/pampa/RELATORIO_PAMPA_2008_PMDBBS.pdf>. Acesso em: 16 jul. 2014.

____. **Monitoramento do desmatamento nos biomas brasileiros por satélite:** Acordo de Cooperação Técnica MMA/IBAMA – Monitoramento do bioma Caatinga 2008-2009. Brasília, 2011. Disponível em: <http://www.mma.gov.br/estruturas/sbf_chm_rbbio/_arquivos/relatorio_tecnico_caatinga_2008_2009_72.pdf>. Acesso em: 16 jul. 2014.

BRASIL. Ministério do Meio Ambiente. Instituto Brasileiro do Meio Ambiente e dos Recursos Naturais Renováveis. Programa de Monitoramento do Desmatamento dos Biomas Brasileiros por Satélite. **Caatinga.** Disponível em: <http://siscom.ibama.gov.br/monitorabiomas/caatinga/>. Acesso em: 1 out. 2014k.

BRASIL. Ministério do Meio Ambiente. Instituto Chico Mendes de Conservação da Biodiversidade. Categorias. **Grupo de Proteção Integral.** Disponível em: <http://www.icmbio.gov.br/portal/biodiversidade/unidades-de-conservacao/categorias.html>. Acesso em: 3 out. 2014l.

BRASIL. Ministério do Meio Ambiente. Instituto Chico Mendes de Conservação da Biodiversidade. **Fauna brasileira.** Disponível em: <http://www.icmbio.gov.br/portal/biodiversidade/fauna-brasileira.html#>. Acesso em: 13 fev. 2014m.

BRASIL. Ministério do Meio Ambiente. Instrução Normativa n. 5, de 21 de maio de 2004. **Diário Oficial da União,** Brasília, DF, 28 maio 2004c. Disponível em: <http://www.icmbio.gov.br/portal/images/stories/IN%2005%20-%20peixes%20e%20invertebrados.pdf>. Acesso em: 16 jul. 2014.

BRASIL. Ministério do Meio Ambiente. **Mapas de cobertura vegetal dos biomas brasileiros.** Disponível em: <http://www.mma.gov.br/estruturas/sbf_chm_rbbio/_arquivos/mapas_cobertura_vegetal.pdf>. Acesso em: 13 jan. 2014n.

BRASIL. Ministério do Meio Ambiente. **Mata Atlântica**. Disponível em: <http://www.mma.gov.br/biomas/mata-atlantica>. Acesso em: 13 jan. 2014o.

_____. **O bioma cerrado**. Disponível em: <http://www.mma.gov.br/biomas/cerrado>. Acesso em: 13 jan. 2014p.

_____. **Pampa**. Disponível em: <http://www.mma.gov.br/biomas/pampa>. Acesso em: 15 jan. 2014q.

_____. **Pantanal**. Disponível em: <http://www.mma.gov.br/biomas/pantanal>. Acesso em: 15 jan. 2014r.

_____. Portaria n. 9, de 23 de janeiro de 2007. **Diário Oficial da União**, Brasília, DF, 24 jan. 2007. Disponível em: <http://legisweb.com.br/legislacao/?id=199537>. Acesso em: 16 jul. 2014.

_____. Portaria n. 126, de 27 de maio de 2004. **Diário Oficial da União**, Poder Legislativo, Brasília, DF, 28 maio 2004e. Disponível em: <http://www.mma.gov.br/estruturas/chm/_arquivos/port126.pdf>. Acesso em: 3 out. 2014.

_____. **Projeto Corredores Ecológicos**. 2014s. Disponível em: <http://www.mma.gov.br/áreas-protegidas/programas-e-projetos/item/73>. Acesso em: 16 jul. 2014.

BRASIL. Ministério do Meio Ambiente. Secretaria de Estado do Meio Ambiente e Recursos Hídricos. Projeto Paraná Biodiversidade. **Biodiversidade**: sabendo +. Curitiba, 2006e. Disponível em: <http://www.meioambiente.pr.gov.br/arquivos/File/coea/educ_amb_glossario.pdf>. Acesso em: 3 out. 2014.

BRASIL. Ministério do Meio Ambiente. Serviço Florestal Brasileiro. **Sobre florestas comunitárias**. Disponível em: <http://www.florestal.gov.br/florestas-comunitarias/sobre-florestas-comunitarias/sobre-florestas-comunitarias>. Acesso em: 7 fev. 2014t.

BRASIL. Ministério do Planejamento, Orçamento e Gestão. Instituto Brasileiro de Geografia e Estatística. **IBGE lança o Mapa de Biomas do Brasil e o Mapa de Vegetação do Brasil, em comemoração ao Dia Mundial da Biodiversidade**. 2004e. Disponível em: <http://www.ibge.gov.br/home/presidencia/noticias/21052004biomashtml.shtm>. Acesso em: 15 fev. 2014.

CARVALHO, C. J. B. Padrões de endemismos e a conservação da biodiversidade. **Megadiversidade**, v. 5, n. 1-2, p. 77-86, dez. 2009. Disponível em: <http://

www.conservation.org.br/publicacoes/files_mega5/Padroes_de_endemismos. pdf>. Acesso em: 16 jul. 2014.

CATTANI, A. P.; NATIVIDADE, C. D.; SANTOS, L. O. **Biologia e ecologia de organismos aquáticos.** Curitiba: IFPR, 2011.

CBD – Convention on Biological Diversity. **Strategic Plan for Biodiversity 2011-2020.** Disponível em: <https://www.cbd.int/sp/targets/>. Acesso em: 27 jan. 2014.

CEBDS – Conselho Empresarial Brasileiro para o Desenvolvimento Sustentável. **Biodiversidade e serviços econômicos:** a experiência das empresas brasileiras. 2012. Disponível em: <http://cebds.org.br/wp-content/uploads/2014/02/Biodiversidade-e-servi%C3%A7os-ecossist%C3%AAmi cos_2012.pt_.pdf>. Acesso em: 3 out. 2014.

CIDRÃO, D. F. **Economia florestal:** potencialidades do Guanandi como economia florestal. 183 f. Dissertação (Mestrado em Desenvolvimento Regional e Meio Ambiente) – Programa de Pós-Graduação em Desenvolvimento Regional e Meio Ambiente, Centro Universitário de Araraquara, Araraquara, 2013. Disponível em: <http://www.uniara.com.br/mestrado/desenvolvimento_regional_meio_ambiente/arquivos/dissertacao/daniel_fabiano_cidrao_2012. pdf>. Acesso em: 3 out. 2014.

COSTA, J. P. O. Sitios del patrimonio natural de Brasil. **Apuntes,** Bogotá, v. 22, n. 2, p. 184-197, jul./dez. 2010. Disponível em: <http://www.scielo.org.co/scielo.php?pid=S1657-97632009000200008&script=sci_arttext>. Acesso em: 16 jul. 2014.

COUTINHO, L. M. O conceito de bioma. **Acta Botanica Brasilica,** São Paulo, v. 20, n. 1, p. 13-23, jan./mar. 2006. Disponível em: <http://www.scielo.br/scielo. php?script=sci_arttext&pid=S0102-33062006000100002>. Acesso em: 16 jul. 2014.

CRV – Centro de Referência Virtual do Professor. **Página inicial.** Disponível em: <http://crv.educacao.mg.gov.br/sistema_crv/index2.aspx??id_objeto=23967>. Acesso em: 30 maio 2014.

DIEGUES, A. C. (Org.) et al. **Os saberes tradicionais e a biodiversidade no Brasil.** São Paulo: MMA, 2000. Disponível em: <http://www.mma.gov.br/estruturas/chm/_arquivos/saberes.pdf>. Acesso em: 3 out. 2014.

DINIZ-FILHO, J. A. F. et al. Padrões e processos ecológicos e evolutivos em escala regional. **Megadiversidade**, v. 5, n. 1-2, p. 5-16, dez. 2009. Disponível em: <http://www.conservation.org.br/publicacoes/files_mega5/Padroes_e_processos_ecologicos.pdf>. Acesso em: 16 jul. 2014.

EARTWATCH. **As empresas e a biodiversidade**: um manual de orientação para ações corporativas. Suíça: Atar Roto Presse, 2002. Disponível em: <http://www.uff.br/cienciaambiental/biblioteca/business-bio-portugese.pdf>. Acesso em: 16 jul. 2014.

FOERSTER, M. R. **Ecologia**. Curitiba: IFPR, 2011.

GASCON, C.; TABARELLI, M. Lições da pesquisa sobre fragmentação: aperfeiçoando políticas e diretrizes de manejo para a conservação da biodiversidade. **Megadiversidade**, v. 1, n. 1, p. 181-188, jul. 2005. Disponível em: <http://www.avesmarinhas.com.br/Li%C3%A7%C3%B5es%20 da%20pesquisa%20sobre%20fragmenta%C3%A7%C3%A3o%20e%20 pol%C3%ADticas.pdf>. Acesso em: 16 jul. 2014.

GOLDANI, A. Biogeografia histórica da região neotropical: análise de parcimônia de endemismo com dados distribucionais de peixes. **Revista Eletrônica de Biologia**, v. 5, n. 3, p. 12-41, 2012. Disponível em: <http://revistas.pucsp.br/index.php/reb/article/view/4907>. Acesso em: 16 jul. 2014.

IAIA – International Association for Impact Assessment. **A biodiversidade na avaliação de impactos**. Fargo, 2005. Disponível em: <http://www.iaia.org/publicdocuments/special-publications/SP3_pt.pdf>. Acesso em: 16 jul. 2014.

IMAZON – Instituto do Homem e Meio Ambiente da Amazônia. **Amazônia legal**. Disponível em: <http://www.imazon.org.br/mapas/amazonia-legal/view>. Acesso em: 30 maio 2014.

KRIELLING, A. P. et al. **Gestão de ambientes costeiros e aquicultura**. Curitiba: IFPR, 2013.

MATHIAS, L. B.; COELHO, A. L. N. Modelagem ecológica e ferramentas de SIG aplicadas à conservação de Drymophila genei. In: SIMPÓSIO BRASILEIRO DE SENSORIAMENTO REMOTO, 16., 2013, Foz do Iguaçu. **Anais**... Foz do Iguaçu: Inpe, 2013. p. 6735-6742. Disponível em: <http://www.dsr.inpe.br/sbsr2013/files/p0867.pdf>. Acesso em: 16 jul. 2014.

MATOS, R. M. B.; SILVA, E. M. R. da; BERBARA, R. L. L. **Biodiversidade e índices.** Seropédica: Embrapa Agrobiologia, 1999. Disponível em: <http://acszanzini. net/DISCIPLINAS_2012/ARDB%202012%20-1%20TXT/BIODIVERSIDADE%20 E%20INDICES.pdf>. Acesso em: 16 jul. 2014.

MEA – Millennium Ecosystem Assessment. **Ecosystems and Human Well-being:** Synthesis. Washington: Island Press, 2005. Disponível em: <http://www. millenniumassessment.org/5D4E27DE-003B-486E-AAB9-EEB7FEB9444F/ FinalDownload/DownloadId-FA44A40A774D91261CB663B94853D148/5D 4E27DE-003B-486E-AAB9-EEB7FEB9444F/documents/document.356.aspx. pdf>. Acesso em: 16 jul. 2014.

MELO, A. S. O que ganhamos "confundindo" riqueza de espécies e equabilidade em um índice de diversidade?. **Biota Neotropica**, v. 8, n. 3, p. 21-27, jul./set. 2008. Disponível em: <http://www.scielo.br/pdf/bn/v8n3/v8n3a01>. Acesso em: 16 jul. 2014.

ODUM, E. P. **Ecologia**. Rio de Janeiro: Guanabara Koogan, 1988.

OLIVEIRA, M. M. et al. Mapeamento das áreas de ocorrência de Alouatta belzebul ululata Elliot, 1912 – etapa Ceará. In: CONGRESSO BRASILEIRO DE PRIMATOLOGIA, 10., 2005, Porto Alegre. **Anais...** Porto Alegre: Sociedade Brasileira de Primatologia, 2005.

ONU – Organização das Nações Unidas. **Fatos sobre oceanos.** 2012a. Disponível em: <http://www.onu.org.br/rio20/temas-oceanos>. Acesso em: 25 jan. 2014.

_____. **Plano Estratégico para a Biodiversidade 2011-2020 é lançado na Rio+20.** 2012b. Disponível em: <http://www.onu.org.br/rio20/plano-estrategico- para-a-biodiversidade-2011-2020-e-lancado-na-rio20>. Acesso em: 1 out. 2014.

PALAZZI, G. **As áreas de proteção ambiental do Brasil:** estado atual. In: SEMINÁRIO DAS ÁREAS DE PROTEÇÃO AMBIENTAL DO BRASIL, 1., 2013, Brasília. Brasília: MMA, 2013. Apresentação de slides. Disponível em: <http:// www.mma.gov.br/images/arquivo/80049/APAs/00%20Giovanna_Estado%20 Atual3.pdf>. Acesso em: 30 set. 2014.

PREUSSLER, M. F. et al. Rotulagem ambiental: um estudo sobre a NBR 14020. In: SINDICATO DA INDÚSTRIA DE MATERIAL PLÁSTICO NO ESTADO DO PARANÁ – SIMPEP, 13., 2006, Bauru. **Anais...** Bauru: FEB; Unesp, 2006.

Disponível em: <http://www.simpep.feb.unesp.br/anais/anais_13/artigos/315.pdf>. Acesso em: 16 jul. 2014.

RC AMBIENTAL. **Mapa das áreas prioritárias para a conservação, utilização sustentável e repartição de benefícios da biodiversidade brasileira.** Disponível em: <http://www.rcambiental.com.br/Atos/ver/PORT-MMA-126-2004>. Acesso em: 6 out. 2014.

REIS, A. C. F. Diversidade cultural e biodiversidade – patrimônios interdependentes e pré-requisitos para o desenvolvimento sustentável. In: ENCONTRO DE ESTUDOS MULTIDISCIPLINARES EM CULTURA – ENECULT, 2., 2006, Salvador. **Anais...** Salvador: UFBA, 2006. Disponível em: <http://www.cult.ufba.br/enecul2006/ana_carla_fonseca_reis.pdf>. Acesso em: 16 jul. 2014.

RIBEIRO, H.; ESTRELLA, S. **História da Mata Atlântica.** Disponível em: <http://ambiente.hsw.uol.com.br/mata-atlantica1.htm>. Acesso em: 1 out. 2014.

RODRIGUES, A. **Gestão de florestas.** Curitiba: IFPR, 2013.

SCHILLING, A. C.; BATISTA, J. L. Curva de acumulação de espécies e suficiência amostral em florestas tropicais. **Revista Brasileira de Botânica,** v. 31, n. 1, p. 179-187, jan./mar. 2008. Disponível em: <http://www.scielo.br/pdf/rbb/v31n1/a16v31n1.pdf>. Acesso em: 15 jul. 2014.

SILVA, A. S. et al. **Gestão de ambientes costeiros e aquicultura.** Curitiba: IFPR, 2013.

SILVA, C. A. et al. Evaluation of Waterborne Exposure to Oil Spill 5 Years After an Accident in Southern Brazil. **Ecotoxicology and Environmental Safety,** v. 72, p. 400-409, 2009.

SILVA, C. A.; RODRIGUES, A.; MICELI, J. **Biologia da conservação.** Curitiba: IFPR, 2014.

SILVA, C. E. L.; SANTOS, E. D.; SILVA, L. A. P. Análise da bioinvasão por pardais (Passer domesticus) na área do campus da UFRN – Natal/RN. In: CONGRESSO DE ECOLOGIA DO BRASIL, 8., 2007, Caxambu. **Anais...** Caxambu: SEB, 2007. Disponível em: <http://www.seb-ecologia.org.br/viiiceb/pdf/1407.pdf>. Acesso em: 7 out. 2014.

SILVA, C. **Estudo de impacto ambiental.** Curitiba: IFPR, 2011.

SILVA, C. et al. First Report About Saxitoxins in Freshwater Fish Hoplias malabaricus Through Trophic Exposure. Toxicon, v. 57, p. 141-147, 2011. Disponível em: <http://letc.biof.ufrj.br/sites/default/files/publicacoes/2011%20Silva%20et%20al%20First.pdf>. Acesso em: 15 jul. 2014.

SIQUEIRA, T.; PADIAL, A. A.; BINI, L. M. Mudanças climáticas e seus efeitos sobre a biodiversidade: um panorama sobre as atividades de pesquisa. Megadiversidade, v. 5, n. 1-2, p. 25-32, dez. 2009. Disponível em: <http://www.conservation.org.br/publicacoes/files_mega5/Mudancas_climaticas_e_seus_efeitos.pdf>. Acesso em: 15 jul. 2014.

UN – United Nations. UN Launches Decade on Biodiversity to Stem Loss of Ecosystems. Dec., 2011. Disponível em: <http://www.un.org/apps/news/story.asp?NewsID=40766#.U8WMeJRdWGE>. Acesso em: 30 maio 2014.

UNESCO – Organização das Nações Unidas para a Educação, a Ciência e a Cultura. Convenção sobre a Proteção e Promoção da Diversidade das Expressões Culturais. 2007. Disponível em: <http://unesdoc.unesco.org/images/0015/001502/150224por.pdf>. Acesso em: 15 jul. 2014.

UOL. Ciência Hoje. Banco de imagens. Edição 263. Disponível em: <http://cienciahoje.uol.com.br/banco-de-imagens/lg/web/images/ch/263/153051a.jpg>. Acesso em: 30 maio 2014.

Respostas

capítulo 1

Questões para revisão

1. Porque foi o primeiro a ser encontrado quando do descobrimento do Brasil pelos portugueses, há mais de 500 anos. A gestão da Coroa objetivou principalmente a colonização desse bioma, pois estava mais próximo à costa e apresentava os recursos necessários para os colonos.

2. Ao permitir a rotação de culturas e cultivar diversas espécies de alimentos, a agrobiodiversidade favorece a riqueza das espécies, protege o solo contra o esgotamento e evita que as espécies entrem em processo de extinção.

3. b

4. c

5. d

Questões para reflexão

1. e

2. e

capítulo 2

Questões para revisão

1. Os índices de biodiversidade revelam o panorama existente de determinadas espécies em uma área de estudo, indicando quais se encontram dominantes, em estado de equilíbrio ou perturbadas. Com base nesses dados, é possível gerenciar a área de forma a restaurar ou manter o equilíbrio entre as espécies.

2. Porque considera as espécies raras em sua análise e também por ser possível a utilização de amostragem da comunidade.

3. c

4. a

5. a

Questões para reflexão

1. b

2. c

3. Certo.

capítulo 3

Questões para revisão

1. Ganham em competividade no mercado, atraem novos investidores e consumidores mais sensibilizados com as causas ambientais, evitam multas, melhoram a imagem, os processos e os produtos e evitam acidentes ambientais e desperdícios de matéria-prima.

2. Uma vez identificados os prováveis danos relativos à implantação de um empreendimento, é possível traçar alternativas de projetos e processos de modo a compatibilizar a conservação ambiental com o empreendimento, além de prever medidas mitigadoras para os impactos observados, evitando-se ou diminuindo-se as perturbações sobre as espécies e os ecossistemas.

3. b

4. b

5. e

Questões para reflexão

1. b

2. a

3. Errado.

capítulo 4

Questões para revisão

1. Os povos tradicionais coexistem com os recursos naturais, utilizando-os de forma a prover suas necessidades sem colocar em risco as espécies, e muitos, ainda, atuam como defensores das florestas. Além disso, seus saberes e costumes são considerados importantes no contexto da conservação da diversidade biológica.

2. Os corredores ecológicos fazem ligações entre unidades de conservação de forma a promover o fluxo genético das espécies que transitam entre uma área e outra, permitindo a troca de genes e, consequentemente, a perpetuação das espécies e de suas variáveis genéticas.

3. b

4. b

5. b

Questões para reflexão

1. b

2. Certo.

capítulo 5

Questões para revisão

1. Basicamente, a diferença é que a maricultura se refere à criação em cativeiro de espécies marinhas, enquanto a aquicultura, à de espécies de água doce.

2. Em razão dos múltiplos usos e interesses. A costa brasileira é riquíssima em recursos, o que atrai o interesse do turismo, da indústria da pesca, dos ambientalistas, das comunidades pesqueiras, entre outros, fazendo com que a gestão pública tenha

de interferir para assegurar a qualidade do meio ambiente nessas regiões.

3. c

4. a

5. c

Questões para reflexão

1. c

2. Certo/Certo.

capítulo 6

Questões para revisão

1. Em linhas gerais, o protocolo dá ao país detentor da espécie o direito sobre os benefícios oriundos do desenvolvimento de produtos ou subprodutos devido às pesquisas científicas.

2. O Protocolo de Cartagena sobre Biossegurança permite aos países barrarem a entrada de organismos modificados geneticamente que possam causar danos à diversidade biológica.

3. d

4. e

5. b

Questões para reflexão

1. Certo.

2. d

Anexos

Figura 1.8 – Comparativo da Mata Atlântica original com o que resta atualmente

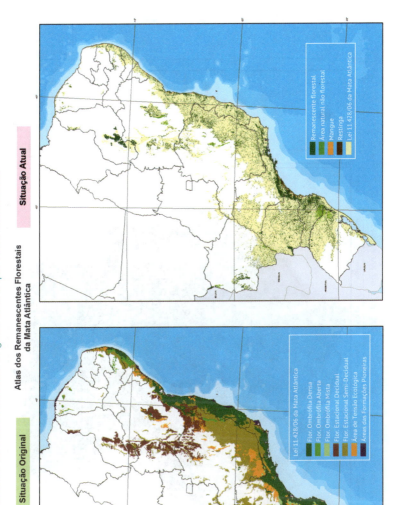

Crédito: SOS Mata Atlântica

Figura 2.5 – Exemplo ilustrativo de um SIG aplicado ao monitoramento ambiental

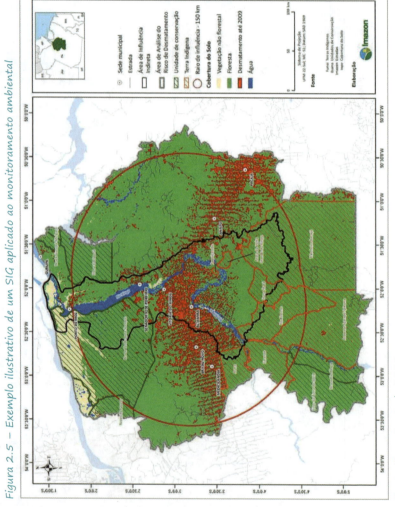

Fonte: Barreto et al., 2011.

Sobre o autor

Cesar Silva

É graduado em Engenharia Ambiental pela Universidade Federal do Paraná (UFPR), especialista em Gestão Ambiental pela mesma instituição, especialista em Engenharia de Segurança do Trabalho pelas Faculdades Integradas de Jacarepaguá (FIJ), mestre e doutor em Ecologia e Conservação também pela UFPR. É professor da Universidade Federal da Fronteira Sul (UFFS), escritor e professor colaborador do Instituto Federal do Paraná (IFPR). Foi coordenador do Curso Técnico em Meio Ambiente, modalidade a distância, do IFPR. Atua como pesquisador e consultor em gestão de resíduos sólidos, qualidade ambiental, recursos hídricos e ecotoxicologia, com diversos livros e trabalhos publicados nas áreas de biomonitoramento, toxicologia e gestão ambiental.

Impressão: Gráfica Exklusiva
Março/2022